TABLES

DU

RÉPERTOIRE ARCHÉOLOGIQUE

DE L'ANJOU

PAR

Adrien PLANCHENAULT

ARCHIVISTE-PALÉOGRAPHE

(Extrait des Mémoires de la Société nationale d'Agriculture, Sciences et Arts d'Angers)

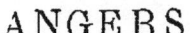

ANGERS
LACHÈSE ET Cie, IMPRIMEURS LIBRAIRES
4, Chaussée Saint-Pierre, 4
—
1898

PRÉFACE

Le *Répertoire archéologique de l'Anjou* ne représente qu'une partie des travaux élaborés par une section de la *Société d'Agriculture, Sciences et Arts d'Angers*, formée pendant vingt-trois ans sous le nom de *Commission archéologique*.

En voici l'origine :

Le 19 décembre 1845, à une séance de la Société d'Agriculture, Sciences et Arts, M. le comte Théodore de Quatrebarbes avait exposé divers objets qu'il se proposait de donner au Musée archéologique. Ce fut l'occasion pour le président, M. de Beauregard, d'émettre une idée qui germa sur l'heure. Il proposa de créer une Commission chargée à la fois d'opérer des fouilles et de faire des achats d'antiquités pour alimenter ensuite, à l'aide de celles-ci, les collections de la Ville. Cette ouverture ayant été accueillie favorablement, fut renvoyée à l'étude d'une Commission de trois membres, MM. Godard-Faultrier, Lèbe-Gigun et Villers (1).

---

(1) *Extrait du procès-verbal de la séance de la Société d'Agriculture, Sciences et Arts du 19 décembre 1845 :*

« La Société ne peut qu'applaudir à ce projet (celui de M. de Quatrebarbes), elle qui s'est imposée la tâche de recueillir tous les documents qui peuvent se rattacher à l'histoire locale pour les di-

Ceux-ci se mettent aussitôt à l'œuvre et, dès la séance suivante, ils déposent un projet de règlement (1). Après discussion ce règlement est adopté (2),

riger vers les collections d'antiquités de la Ville, collections fondées en quelque sorte sous l'inspiration d'un de ses membres (M. Godard-Faultrier). »

« M. le Président pense que pour donner plus d'ensemble et une direction qui la rendrait plus active et plus fructueuse aux recherches archéologiques, il serait urgent de créer une commission chargée en même temps d'opérer les fouilles et de faire les achats des objets d'antiquités. Cette proposition, accueillie favorablement, est renvoyée à une Commission composée de : MM. Godard, Lèbe-Gigun et Villers. »

(1) *Procès-verbal de la séance du 9 janvier 1846* :

« M. Godard prend la parole au nom de la Commission qui devait examiner la proposition relative à la création d'un Comité archéologique. La Commission a reconnu et constaté les services que doit rendre à la science ce nouveau mode d'organisation et a rédigé un projet de règlement que le rapporteur communique à l'Assemblée. Une de ses dispositions les plus importantes consacre l'adjonction au Comité de membres qui prendraient part à ses travaux sans faire partie de la Société-mère, la représenteraient sur divers points du département et contribueraient ainsi à étendre le cercle de ses recherches en les multipliant. La Société ordonne le dépôt sur le bureau de ce règlement sur lequel la discussion s'ouvrira à la plus prochaine séance. »

(2) *Procès-verbal de la séance du 7 février 1846* :

« On passe... à la discussion du règlement de la section d'archéologie. MM. Allard, Elie Janvier, Hunault, Planchenault, Godard, etc., prennent successivement la parole. Les articles avec les modifications qu'ils ont subies sont mis aux voix et adoptés.

. . . .

Règlement particulier de la section d'archéologie adopté dans la séance du 7 février 1846

ARTICLE PREMIER

Une section spéciale d'archéologie sera formée dans le sein de la Société. Son bureau se composera d'un Président et d'un Secrétaire.

ART. 2.

Outre les membres titulaires, des membres associés, pris en dehors de la Société pourront être admis en nombre illimité. Ils

puis la section d'archéologie est livrée à elle-même et chargée de se constituer en recrutant ses membres (1).

paieront une cotisation annuelle de 10 francs dont le produit sera exclusivement employé en travaux archéologiques. Ces cotisations seront perçues par le trésorier de la Société et formeront un article séparé, tant dans les comptes que dans le budget général.

Art. 3.

Tout membre associé qui, après deux réquisitions du trésorier, négligerait de payer sa cotisation dans le cours de l'année, sera censé démissionnaire et n'en devra pas moins la cotisation de l'année entière.

Art. 4.

Pour être reçu membre associé, il faut être présenté par trois membres de la Société et être reçu par elle à la majorité des suffrages.

Art. 5.

La section archéologique veille à la conservation des monuments, en fait exécuter des plans ou des dessins, dirige les fouilles, recueille les objets d'antiquités et les fait monter s'il y a lieu. Elle recherche les inscriptions et les fait copier. Elle pourra à cet effet se mettre en correspondance avec les autorités sans l'agrément de la Société.

Art. 6.

La section ne pourra ordonner des dépenses qu'en se renfermant dans ses ressources particulières ou dans les crédits spéciaux qui pourront lui être ouverts par la Société.

Art. 7.

Les Mémoires de la section font partie du Bulletin de la Société qui seule a le droit d'en voter l'impression. Les Associés recevront les livraisons du Bulletin général de même que les membres titulaires.

Art. 8.

Les objets d'antiquités provenant des fouilles ou acquisitions pourront être donnés au Musée archéologique de la Ville d'Angers au nom de la Société.

Art. 9.

Les membres de la section sont invités à écrire leurs Mémoires sur du papier de même format, dont les dimensions seront indiquées par le bureau.

(1) *Séance du 6 mars 1846 :*
« L'ordre du jour indiquait qu'il serait procédé à l'organisation de la section d'archéologie, mais l'Assemblée décide que cette section se constituera plus convenablement par une simple adhésion des membres qui désireront prendre part à ses travaux et qui, à

M. Godard-Faultrier en est élu président (1) et elle prend le nom de *Commission archéologique*. C'est le

cet effet, devront se faire inscrire sur une liste ouverte chez M. le Président.

« L'Assemblée décide en outre qu'une exploration archéologique sera faite à Mûrs par les membres de la Société et deviendra comme l'inauguration de la fondation de la section d'archéologie. »

Cette excursion eut lieu le 9 mars, au village des Mazières, commune de Mûrs, où les membres de la Société examinèrent les restes d'un *sudatorium* romain.

(1) *Séance du 11 avril 1846* :

« M. Godard lit une relation de l'excursion et des recherches faites dans la commune de Mûrs par la Commission nommée à la dernière séance.

. . . .

« Cette séance s'est terminée par l'organisation définitive de la section d'archéologie : M. Godard a été élu président, et M. Legeard de la Diriays, secrétaire. Ces Messieurs recevront les adhésions des membres qui voudront faire partie de la Commission. »

Le 28 avril 1846, la Commission est définitivement formée et ratifie le choix de son Président.

Le 26 juin elle augmente son bureau par la nomination d'un vice-président, M. Villers, et d'un vice-secrétaire, M. de Soland.

Liste des membres de la Commission en 1846 :

CORRESPONDANTS : MM. Champoiseau, Courtiller, Odorici, de Caumont, Didron, Joly, Le Prévost (membre de l'Institut), Taluet, Grésy, Lenormant (membre de l'Institut), Mérimée (de l'Académie française), l'Abbé Moreau, Alexis Chevalier, David (membre de l'Institut), Bodinier, de Montalembert.

ADJOINTS : MM. l'Abbé Allaume (Savennières), Rondeau, Gaultier fils, Thierry fils, Chesneau-Morna, Raimbault fils (de Thouarcé), Chapeau, Desmazières, Bodaire (à l'Évêché), Ernoult (sous-préfet), Camille Desvarannes, Auriou, Béclard (avocat), Coulon, Ménard (à l'Évêché), Textoris (officier en retraite), Vigneron, Subileau.

TITULAIRES : MM. de Matty de La Tour, Thierry père, l'Abbé Légeard, Dainville fils, Saudeur, l'Abbé Choyer, Guibert, Daligny (conseiller), Métivier (avocat général), Adville, Beraud (conseiller), de Beauregard (président de Chambre), Chanlouineau (avocat), Cosnier, Courtiller (conseiller), de Nerbonne, de Lens, Grille, Guinoyseau, Genest, Godard, Élie Janvier de La Motte, Hossard, Lachèse (architecte du département), Lachèse (substitut), Lèbe-Gigun (receveur des Contributions directes), Mercier (conservateur du Musée des tableaux), Planchenault (président), Prou (avocat), Victor Pavie, Quelin, de

29 mai 1846 qu'elle tient sa première séance effective (1).

De ses premiers travaux, à part quelques-uns admis dans les *Mémoires* de la Société-mère, il ne nous reste que les comptes rendus mensuels (2).

Dès le mois de janvier 1847, M. Godard commence à lire, aux séances de la Commission, sous le titre de *Nouvelles archéologiques* (3), une sorte de chronique rédigée par lui de tous les faits, de toutes les découvertes intéressant l'archéologie de notre région, et presque régulièrement à chaque séance pendant plus de dix ans il continue ces lectures.

Nous attirons l'attention sur ces *Nouvelles* qui ont été imprimées. Les premières ont été publiées, comme les procès-verbaux de la Commission, par fascicules, et ensuite en un volume qui a paru en 1854.

Ce volume est devenu introuvable. Il contient, outre les procès-verbaux, cinquante numéros des *Nouvelles* et s'étend jusqu'au 9 juin 1854 (4).

Quatrebarbes, de Falloux, de Soland, Sorin (inspecteur d'Académie), Maupoint, Dr Hunault.

(1) M. Godard-Faultrier y prononce un discours d'ouverture, qui est reproduit en entier en tête du premier volume des procès-verbaux de la Commission, et analysé dans le procès-verbal du 5 juin à la Société d'Agriculture, celle-ci suivant avec un intérêt bien naturel les premiers pas de son nouveau-né, tout en lui laissant désormais la plénitude de ses mouvements.

(2) Angers, imprimerie de veuve Pignet-Château, 1847, puis de Georges Pignet, 1847, 1850, 1852.

(3) « Il annonce que ces nouvelles ne forment que la première feuille d'une Revue complète qu'il se propose de faire dans chaque réunion de tous les faits venus à sa connaissance et qui pourraient intéresser la science. » (Procès-verbal du 12 janvier 1847 de la Commission archéologique, et non 12 février comme il a été imprimé par erreur.)

(4) Publié sous le titre : *Société d'Agriculture, Sciences et Arts d'Angers. Commission archéologique :* Procès-verbaux et nouvelles,

A partir de cette date, les *Nouvelles* devaient former un second tome. Ce projet a été seulement ébauché, le deuxième volume ne comprenant en réalité que trois ou quatre numéros. Les autres *Nouvelles* ne se rencontrent plus qu'éparses et c'est à peine si l'on peut en dire le nombre exact (1). Plusieurs d'entre elles ont été d'ailleurs publiées dans diverses Revues, ou dans le *Répertoire archéologique*.

Le 6 janvier 1858, un changement se produit. Jusqu'alors les travaux de la *Commission archéologique* étaient lus d'abord en séance de la Commission et ensuite devant la *Société d'Agriculture* qui s'était réservé le contrôle de leur publication. Il en résultait que les lectures se faisaient à peu près devant les mêmes personnes. Pour éviter cet inconvénient, M. Godard proposa de demander à la Société-mère un peu plus d'indépendance, sans cependant se séparer d'elle (2).

depuis sa fondation jusqu'en 1854. — Angers, Cosnier et Lachèse, in-8° (tranches rognées.)

(1) Nous n'avons pu retrouver d'ailleurs aucun procès-verbal imprimé pour la période de 1856 à 1858. Ceux de 1855 ont paru dans le *Journal de Maine-et-Loire*. A partir de 1864, on ne rédigea même plus de procès-verbaux.

(2) *Extrait du procès-verbal manuscrit de la séance de la Commission du 6 janvier 1858 :*

« M. Godard propose à la Commission de modifier en quelques parties le règlement. Il expose que tous les membres désirent voir supprimer les doubles lectures qui ont le tort de se faire à peu près devant les mêmes personnes, et que pour parer à cet inconvénient réel il convient d'obtenir de la Société-mère pour la Commission le droit de voter elle-même l'impression de ses Mémoires. En conséquence, le bureau de la Commission, après en avoir conféré avec celui de la Société d'Agriculture, propose de modifier le règlement comme suit :

« I. — La Commission s'occupera exclusivement d'archéologie et d'histoire locale.

La Commission obtint ainsi de refondre son règlement et de s'administrer elle-même, c'est-à-dire d'être seule juge de ses publications. Celles-ci formèrent alors une publication à part sous le titre de *Répertoire archéologique de l'Anjou* (1).

« II. — Les doubles lectures seront supprimées et la Commission votera l'impression de ses travaux. Toutefois les manuscrits de la Commission seront communiqués au bureau de la Société-mère qui pourra les faire lire par son Secrétaire général, si elle juge qu'il y ait lieu, mais sans que cela puisse entraver en rien l'impression votée.

« III. — Les travaux votés par la Commission seront tirés à 250 exemplaires ; 125 devront être brochés séparément sous le titre particulier de : *Société impériale d'Agriculture, Sciences et Arts d'Angers, Commission archéologique de Maine-et-Loire*, et porteront une pagination spéciale. Ces 125 exemplaires seront annexés aux Mémoires de la Société-mère et pourront même au besoin être brochés avec eux.

« IV. — La Société-mère continuera d'allouer à la Commission un crédit annuel suffisant, lequel sera joint au produit des cotisations des membres adjoints.

« V. — Un extrait du procès-verbal de la Commission sera lu chaque mois à la séance de la Société-mère.

« VI. — Quatre épreuves de tout travail dont l'impression aura été votée par la Commission seront adressées : 1° à l'auteur ; 2° au Président de la Société-mère ; 3° au Président de la Commission archéologique ; 4° au Secrétaire général de la Société-mère. Le tout afin d'en mieux surveiller la partie typographique et la rédaction.

« Une discussion s'établit aussitôt entre divers membres. MM. Dainville, Lemarchand, Jamin, Cosnier, ainsi que M. Godard, y prennent part successivement. La proposition est ensuite adoptée, mais il est déclaré que la Commission n'entend aucunement se séparer de la Société-mère, mais plutôt lui apporter ainsi un nouvel élément de prospérité et que d'ailleurs le vœu qu'elle vient de formuler devra tout d'abord lui être soumis. »

(1) « La société ayant pris un développement considérable a décidé le 4 février 1858 qu'elle publierait un *Répertoire archéologique de l'Anjou*, dans lequel désormais viendraient se fondre les *Nouvelles* ainsi que d'autres travaux et au besoin les procès-verbaux. Elle espère de la sorte répondre plus particulièrement au vœu de M. le Ministre de l'Instruction publique.

Le *Répertoire* a eu douze années d'existence, de 1858 à 1869, comprenant onze volumes. Il eût vécu beaucoup plus longtemps, si M. Godard, pour des raisons de santé et d'absences prolongées d'Angers, n'avait cru devoir donner sa démission de président, par une lettre du 5 novembre adressée au Président de la Société d'Agriculture (1). Le *Répertoire* cessa de paraître à partir de ce moment.

Il est tombé depuis dans un abandon qu'il était loin de mériter. Non pas que ce soit une œuvre hors ligne ou immuable dans toute son étendue. Il n'en a pas moins une importance pour quiconque s'adonne à l'histoire et à l'archéologie angevines. Plus d'une des notices qu'il renferme a conservé toute son utilité, même de nos jours.

C'est à la fois une chronique de faits journaliers, de choses que personne jamais ne reverra, et une étude de monuments dont beaucoup sont disparus, un travail que ceux-là seuls qui les ont vus étaient en mesure de faire. Ces appréciations de témoins oculaires ne peuvent même qu'acquérir de la valeur avec les années. Et pour les autres, quand bien même la science a progressé depuis, il est utile de les posséder pour n'avoir pas à reprendre une question par

« Etant une émanation de la Société impériale d'Agriculture, Sciences et Arts d'Angers, de laquelle elle entend bien ne pas se séparer, elle a fait graver un sceau spécial qui porte cette légende circulaire : *Société d'Agriculture, Sciences et Arts d'Angers*, puis au centre cette autre légende : *Commission archéologique de Maine-et-Loire, fondée en 1846*.

« La Commission a reformé son règlement ainsi qu'il suit : etc... » (Note en tête du premier volume du *Répertoire*.)

(1) Voyez à la fin du dernier volume du *Répertoire*.

le pied, comme si c'était la première fois qu'on la traite. Tel fait se perd aussi dans la foule des notices, que faute de connaître, on s'expose à présenter comme une découverte, alors que, il y a cinquante ans ou vingt ans seulement, il a déjà été étudié.

Malheureusement l'œuvre désormais accomplie devient parfois avec le temps semblable à une personne qui somnole et qu'il faut à tout prix empêcher de dormir, si l'on veut en tirer profit. L'œuvre d'aujourd'hui, comme celle d'hier, s'oubliera, pas jusqu'au point de disparaître en entier, mais trop pour demeurer utile, si rien ne vient la rappeler au souvenir.

Voilà pourquoi ayant été appelé depuis quelques mois à remuer successivement tous les feuillets du *Répertoire archéologique*, nous avons eu la pensée, — par ce temps de statuomanie — de lui élever un semblant de piédestal. Et comme il en reste peu parmi nous qui l'aient vu naître, nous avons cru qu'il était utile d'en rappeler ici les origines.

De plus, l'ouvrage est devenu rare. Dans les librairies d'occasion, chez les bouquinistes, c'est à peine si l'on trouve quelques fascicules dépareillés du *Répertoire*. Il existe à la Bibliothèque de la Ville et dans quelques Bibliothèques particulières où l'on a le culte du passé. Encore, le plus souvent, est-il incomplet !

Malgré les tables sommaires placées à la fin de chaque volume les recherches n'y sont pas toujours faciles. La seule façon d'en utiliser les ressources était d'en dresser une table générale très détaillée. C'est ce que nous avons fait en divisant celle-ci en quatre parties :

 I. *Table des Auteurs.*
 II. *Table des Matières.*
 III. *Table des Documents.*
 IV. *Table des Gravures, Cartes et Plans.*

Bien que les premières *Nouvelles archéologiques* ne fassent pas partie du *Répertoire*, nous avons intercalé dans la Table des matières une table sommaire de ces *Nouvelles*, et les documents qu'elles renferment dans la Table des Documents.

Notre travail doit former ainsi un supplément à la *Table des Mémoires de la Société d'Agriculture, Sciences et Arts d'Angers*, publiée par M. Bodinier en 1886.

Angers, janvier 1898.

A. PLANCHENAULT.

I

TABLE DES AUTEURS

B

B. (J.). — La maison du roi à Saumur, 1863, 296.

Barbier de Montault (Mgr X.). — Observations liturgiques et iconographiques sur un livre d'heures du xve siècle, 1858-1859, 51. — Le château, la terre, le prieuré et les chapellenies de Boumois, 1858-1859, 85. — Le cardinal d'Estouteville, bienfaiteur des églises de Rome, 1858-1859, 253. — Découverte archéologique à Chalonnes-sur-Loire, 1858-1859, 313. — Inscription commémorative de la consécration de l'église Notre-Dame de Cheffes, par Geoffroy III La-Mouche, évêque d'Angers, le 18 août 1267, 1858-1859, 315. — Etudes ecclésiologiques sur le diocèse d'Angers : Saint-Aubin-de-Luigné, 1860, 8, — Chaudefont, 52, — Chalonnes-sur-Loire, 115, 133, 171, 235, 290, 323 ; — Corné, 1871, 79, — Saint-Pierre de Trélazé, 116, — Saint-Martin de Restigné, 263 ; — Comptes de la fabrique de l'église du Pin-en-Mauges au xviiie siècle, 1862, 59, 115, 151, 177. — Décret de la Sacrée Congrégation des Rites relatif au culte de saint Avertin, à Luigné, 1860, 203. — Reliques du B. Robert d'Arbrissel, 1860, 207. — Pèlerinage à Notre-Dame-de-Guérison, à Russé, 1860, 247. — Catalogue des moulages exécutés en 1859, aux frais de la Commission archéologique de Maine-et-Loire, 1860, 361. — Topographie de Maine-et-Loire, au Cabinet des estampes de la Bibliothèque impériale, 1860, 403. — Epitaphes des seigneurs de Maulévrier, à Oyron, 1861, 58. — Bréviaire manuscrit de l'abbaye de Saint-Florent-lès-Saumur, 1861, 146. — Le tombeau de Pierre de Broërec, 1861, 168. — Pièces détachées des archives de la collégiale de Saint-Maimbeuf, à Angers, 1861, 297. —

Chapelle royale de Notre-Dame-des-Ardilliers, 1861, 338. — Reliques des églises du diocèse d'Angers, 1862, 19. — Charte de l'an 1096, relative à l'abbaye de Saint-Nicolas-lès-Angers, 1862, 55. — Actes de saint Maxentiol, prêtre et confesseur, 1863, 153. — Armorial des évêques et administrateurs de l'insigne église d'Angers, 1863, 249. — Etude hagiographique sur Robert d'Arbrissel, fondateur de l'ordre de Fontevrault, 1863, 313. — Actes de saint Francaire, confesseur, 1863, 453. - Appendice aux actes de saint Florent, prêtre et confesseur, 1864, 133.

Chronique : Christ émaillé (au musée diocésain), 1860, 371. — Renseignements archéologiques sur l'Anjou, 1860, 372. — Appréciations archéologiques relatives à l'Anjou, 1861, 30. — Bibliographie angevine, 1861, 32. — Pose de la première pierre de la chapelle des Sœurs de la Providence, à la Pommeraye, 1861, 64. — Portraits historiques relatifs à l'Anjou, 1861, 181. — Calice de l'église de Chaudefont, 1861, 256. — Découverte du bras de saint Just, à Châteaugontier, 1861, 314. — Autels de la cathédrale d'Angers, 1861, 316. — Patrons des corporations ouvrières de l'Anjou, 1861, 318. — Notes sur divers meubles et usages ecclésiastiques, 1865, 327. — Document inédit sur Fontevrault, 1865, 334. — Epigraphie du département de Maine-et-Loire, 1868, 105, 161, 433, — 1869, 1, 121, — tables, 89.

Baugé (l'abbé), curé de Candé. — *Chronique* : Saint Marcel, patron de l'église de Tiercé, 1862, 127. — Note sur l'ancien narthex de la cathédrale d'Angers, 1865, 210.

Béclard (Philippe). — Armand de Maillé-Brézé, amiral de France, 1861, 1.

Chronique : Fouilles de M. Beulé à Carthage, 1861, 346.

Belleuvre (P.). — Rabelais en Anjou, 1862, 144.

Biéchy (A.). — *Chronique* : Séance solennelle de la Société d'agriculture, sciences et arts, du 6 décembre 1866 (Extrait du *Journal de Maine-et-Loire*), 1866, 364, — *idem*, séance du 26 juin 1867, 1867, 197.

Bloudeau (Henri). — Lanterne funéraire de l'ancien cimetière Saint-Nicolas de Saumur, 1861, 85.

Bougler. - - Sur la polémique qui s'est élevée à l'occasion de Henri Arnauld, évêque d'Angers, 1863, 81

Bourdeille (A.). — Monnaies seigneuriales découvertes au Puits-Anceau, en 1858, 1858-1859, 60.

Briffault (l'abbé G.). — *Chronique* : Note historique sur la relique de l'église de Saint-Martin d'Angers, appartenant actuellement à l'église de Saint-Pierre de Saumur, 1865, 109.

Bruas (Albert). — Camp de la Breille, 1868, 5 (v. Ratouis). — Camps de la Breille, 1868, 429.

Brunetière. — Restauration de l'église de la Trinité à Châteaugontier, 1858-1859, 304.

C

C. (L.). — *Chronique :* Monuments gaulois de l'Anjou, 1863, 34.

Chambers (G. T.). — Les orgues de la cathédrale de Saint-Maurice d'Angers, 1864, 53.

Chronique : Tapisseries de la cathédrale d'Angers, 1860, 369.

Clirot de Loville (chanoine). — *Chronique :* Renseignements sur Saint-Fort, 1865, 213.

Charnacé (comte de). — Lettre à M. Godard-Faultrier, au sujet du château de Linières, 1862, 17.

Chevalier (l'abbé). — Notice historique sur l'abbaye de Saint-Georges-sur-Loire, 1858-1859, 19.

Cochet (l'abbé). — Noël Taillepied, 1865, 39.

Colomb. — Notes sur quatre communes de l'arrondissement de Baugé : Montpollin, Vieil-Baugé, Fougeré, Echemiré, 1869, 228.

Corblet (l'abbé). — Coup d'œil sur la sculpture et la peinture au xiie siècle, 1864, 71.

Cottereau (M,). — Echemiré-Rigné. Traces gallo-romaines, 1864, 31.

Couchot (Gustave). — Notice sur Ermengarde d'Anjou, duchesse de Bretagne (xiie siècle), 1864, 39. — Notice sur saint Gohard, évêque de Nantes (ixe siècle), 1864, 61.

D

D. (R.). — Commune de Tiercé, 1862, 46. — La Chambre au denier, 1862, 52. — Hôtel de la Roë, 1866, 116.

Chronique : Extraits d'une notice de M. E. Morin, 1862, 306. — Piles du pont découvertes à Angers, rue Bourgeoise, 1862, 310. — La messe de saint Martin, 1866, 133. — Jean Soreth, 1867, 136. — Découvertes archéologiques à Angers, rues Saint-Aubin, Haute-du-Figuier, et derrière l'Académie, 1867, 190.

Denais (Joseph). — Le mobilier des Rohan au château du

Verger, 1869, 147. — Bibliographie angevine : livres angevins provenant de la bibliothèque du château de Saint-Ylie (Jura), 1869, 247.

Chronique : Notes sur les cloches de Bauné. Médailles trouvées près de Beaufort, 1868, 409. — Commune de Bauné. Découverte de briques romaines, 1869, 255.

F

Farcy (L. de). — Notes sur le couvent des Carmes d'Angers, 1867, 334. — Peintures murales de l'ancien couvent de la Baumette, 1868, 418. — Le caveau de la cathédrale d'Angers, 1869, 242.

Faugeron (H.). — Légende rimée de sainte Marguerite, 1861, 44.

G

G. — *Chronique :* Age de pierre, 1865, 257.

Gaudais. — *Chronique :* Cercueil en pierre, Christ en cuivre trouvés au Vieil-Baugé, 1865, 161.

Godard-Faultrier (V.). — Oliphant du musée d'Angers, 1858-1859, 1. — Note sur Fontevrault, 1858-1859, 65.

Nouvelles archéologiques (1) : Découverte d'une sépulture franque à Chemellier, 1858-1859, 71, — Monnaies angevines ecclésiastiques, 72, — Pourpoint de Charles de Blois, 75, — Fers à cheval à bords ondulés, 76, — Un écu creux, 77, — Inscription à Fontevrault, 78, — Inscription de la cloche de Candes, 81, — Inscription de la cloche de Saint-Nicolas de Saumur, 83, — Disque d'argent, 129, — Offrandes de monnaies aux eaux de certains lacs, fontaines et rivières, 135, — Médaille du pape Innocent XI, 137, — Chaussures et croix d'absolution trouvées dans des tombeaux, 138, — La pile de Cinq-Mars, 141, — Le cœur de Henri II, comte d'Anjou et roi d'Angleterre, 143, — Abbaye d'Asnières, 195.

Exposition quinquennale agricole, industrielle et artistique de 1858, 3ᵉ division, 3ᵉ section : archéologie, antiquités, 1858-1859, 169. — La chapelle du Bon-Pasteur d'Angers, 1858-1859, 223. — Monuments gaulois de l'Anjou, ou Mémoire sur la topographie celtique du département de Maine-et-Loire, d'après les médailles, les sépultures, les dolmens, les peulvans, etc... (arrondissement d'Angers), 1858-1859, 237,

---

(1) Voir la note de la page 43.

282, — (arrondissement de Baugé), 1860, 18, — (arrondissement de Cholet), 1860, 35, — (arrondissement de Saumur), 1860, 67, — (arrondissement de Segré), 1860, 103. — Eglises de Saint-Georges-des-Sept-Voies, Saint-Pierre-en-Vaux, le Toureil, Bessé, Saint-Maur, etc..., 1860, 149. — Hôpital Saint-Jean d'Angers, 1860, 187. — M. Charles Thierry, 1860, 193. — Commune de Saint-Georges-du-Bois, 1860, 210. — Toussaint. Histoire et catalogue, 1860, 249. — Signes lapidaires, 1860, 271. — Commune de Saint-Rémy-la-Varenne, 1860, 273. — Carte celtique de l'arrondissement d'Angers, 1860, 339. — Famille Lanier, au foyer de son logis de la rue Saint-Julien, à Angers, 1860, 305, 345. — Jean Michel, évêque d'Angers, 1860, 377. — Crypte des évêques à la cathédrale d'Angers, 1860, 399. — Commune de Villevêque. Paschal Robin du Faux, 1861, 8. — Notre-Dame-des-Champs, 1861, 33. — Communes des Ulmes, 1861, 65 — Jean Baudouin de Resly ou Rély, évêque d'Angers, 1861, 97. — Commune de Morannes, 1861, 129. — Un vitrail de l'abside de la cathédrale d'Angers, 1861, 358. — Jeanne-Baptiste de Bourbon, 32e abbesse de Fontevrault (1637-1670), 1861, 161. — Antiquités celtiques, 1861, 171. — Commune de Fontevrault, 1861, 193. — Antiquités celtiques. Numismatique angevine, 1861, 225. — Découverte à Saint-Maurice d'Angers du cercueil de Jean du Mas, évêque nommé de Dol, 1861, 241. — Le logis de Bel-Air, 1861, 257. — Cathédrale d'Angers, bruits fâcheux (lettre au Ministre), 1861, 275. — Nécrologie : M. Guérif, peintre décorateur, 1861, 288. — Peulvan de Villedieu, 1861, 289. — Commune de Luigné, 1861, 291. — Découvertes archéologiques à Angers, 1861, 309. — Commune du Plessis-Grammoire, 1861, 321. — Pierre Breslay, 1861, 353. — Commune de Linières-Bouton, 1862, 3. — Commune de Chambellay, 1862, 6. — Commune de Champigné, 1862, 11. — Commune d'Auverse, 1862, 14. — François Balduin ou Baudouin, 1862, 33. — Commune de Saint-Mathurin, 1862, 40 — Monuments antiques de l'Anjou ou Mémoire sur la topographie gallo-romaine du département de Maine-et-Loire : (Angers,) 1862, 65, 97, 129, 161, 193, 257, 289, — (arrondissement d'Angers), 1862, 295, 321, 389, — 1863, 5, 49, — (arrondissement de Baugé), 1863, 52, — (arrondissement de Cholet), 1863, 61, — (arrondissement de Saumur), 1863, 211, 385, — (arrondissement de Segré), 1863, 397. — Les tapisseries de l'Apocalypse de la cathédrale d'Angers, dites « tapisseries du roi René », 1862, 86. — « Revue de la Normandie », 1862, 93. — Congrès archéologique à Saumur (lettre à M. Léon Cosnier), 1862, 209, 225. — Reconstruction et bénédiction de l'église de Sainte-Gemmes-sur-Loire, 1862, 419. — Antiquités mérovingiennes. Numismatique angevine, 1863, 21. — Antiquités carlovingiennes. Numismatique angevine, 1863, 417. — Antiquités féodales. Numismatique angevine (comtes Ingelgériens et Plantagenets), 1863, 432. — Bénédiction de l'église de Tigné, 1863, 145. — Quelques statues du château de Richelieu, récemment transportées dans la commune de Bouzillé (Maine-et-Loire), 1864, 5. — Crosse de saint Aubin, 1864, 24. — Bibliographie : « Catalogue des manuscrits de la Bibliothèque d'Angers », 1864, 27. — Exposition nationale d'Angers, en 1864. Section d'archéologie (règlement), 1864, 88. — Découvertes archéologiques : 1º Acte de baptême de Claude-Maur d'Aubigné, né à Tigné, décédé archevêque de Rouen, 2º Plaque-agrafe de baudrier trouvée à Gennes (époque mérovingienne), 3º Fouilles récentes faites à l'amphithéâtre de Gennes. Aqueduc romain, 1864, 241. — Rapport sur l'exposition archéologique de 1864, 1864, 285. — Découvertes archéologiques : cercueils en plomb, du XVIe siècle, à Saint-Jean-des-Mauvrets, 1864, 293. — Tour dite des Druides et ses annexes, 1864, 307. — La cathédrale d'Angers de 1451 a 1500, 1865, 217. — La cathédrale d'Angers de 1500 à 1533, 1865, 234. — La cathédrale d'Angers de 1533 à 1543, 1865, 41. — La cathédrale d'Angers de 1543 à 1619, 1865, 117. — Ancien mobilier de la cathédrale d'Angers : Vase de Cana, œufs d'autruche, pommes dorées, 1865, 140. — Ancien mobilier de la cathédrale d'Angers : 1º L'épée de saint Maurice, 2º Cierge pascal, 3º Fers à hosties, 4º Costume ecclésiastique. Pommes d'airain, 5º Instruments de paix, 6º Bénitier, 7º Pierres précieuses, 8º Os de baleine, 9º Peignes, 10º Bancs, 11º Ambons, 12º Lectrins, lutrins, 13º Lits, 14º Chaire pontificale, 15º Courtine et voile devant le maître-autel, 16º Livre enchaînés, 17º *Libri signati*, 18º *Quaterni*, 19º Livre du serment « dit de la Jurande », 20º Livre du Croissant, 21º Bulle en parchemin, 22º Lanternes, suspensions, candélabres, 1865, 165. — Cathédrale d'Angers (*erratum*) 1865, 216. — La cathédrale d'Angers : I. Saint Serené, II. Pierre d'Avoir, bienfaiteur, III. Bienfaiteurs ecclésiastiques, 1865, 265. — La cathédrale d'Angers : I. Ancien narthex, II. Anciens usages, III, Monuments funèbres, IV. Note sur Jehan de Bourdigné, 1866, 280. — Aumônerie de Fils-de-prêtre, 1865, 89. — Eglises souterraines à Doué-la-Fontaine et à Soulanger. Souterrain-refuge à Douces, 1865, 93. — Epitaphe d'Antoinette de Magnelais, dame de Villequier, 1866, 93. — Le chœur de Saint-Serge, à Angers, 1866, 109. — Le château d'Angers au temps du roi René et les manoirs de ce prince a Chanzé, la Ménitré, et Reculée, 1866, 141. — Dessins inédits concernant l'Anjou : Mausolée du roi René, inscription. Tombeau de Jeanne de Laval. Sépulture de Thiéphaine. Plan de la cathédrale avant 1699, 1866, 250. — Sépulture du roi René, 1866, 276. — Cercueils en pierre trouvés prés de l'ex-église de Saint-Martin d'Angers, 1866, 315. — Tombeau de la nourrice Thiéphaine, 1866, 336. — Une église oubliee : Saint-Augustin près Angers, 1866, 356, — Statues de Fontevrault, 1866, 360,

377. — La tour Saint-Aubin, à Angers, 1867, 23. — Inventaire raisonné des principaux objets du Musée d'antiquités d'Angers, 1867, 89, 137, 201, 261. — Vase en plomb trouvé dans les ruines de Carthage, 1867, 169. — Note sur un retranchement situé commune de la Breille (Maine-et-Loire), 1867, 249. — Inscription découverte en la commune du Louroux-Béconnais, 1867, 348. — Peintures rurales trouvées dans l'ancien hôpital Saint-Jean, à Angers, 1867, 356. — Inscription du xve siècle à la Trinité d'Angers, 1867, 361. — Parure des tombes des rois et reines de Naples, ducs et duchesses d'Anjou, dans la cathédrale d'Angers, 1868, 65. —. Thouarcé en 1588, 1868, 354. — Publication de documents inédits sur la Révolution : Translation de quatorze détenus de Laval à Doué. Détail historique du voyage des prêtres du département de la Mayenne depuis Laval à Rambouillet, 22 octobre 1793, par ***, 1868, 18 ; — idem : « Relation des dangers et événements qu'à vus et éprouvés un ecclésiastique dans la République de 1793 », manuscrit de M. Lemercier de la Rivière, ancien chanoine de Candes, 1868, 367. — Publication de l' « Histoire de Notre-Dame-de-sous-Terre », manuscrit inédit de J.-P. Audusson, copie par lui sur le « Livre des antiquités de Lesvière », 1869, 189. — Flabellum de Çunauld, 1869, 141. — La famille de Ronsart, 1869, 176. — Gabriel de Boylesve, évêque d'Avranches, 1869, 226. — Gravures [extr. du Peplus de Ménard], représentant les comtes d'Anjou, 1869, 257. — Note sur une croix ancienne, (commune de Champtocé), 1869, 282. — Bibliographie, 1869, 289.

Chronique : Chapelle de l'ancien cimetière du Tertre Saint-Laurent, 1860, 198. — Cercueil gallo-romain en plomb, 1860, 228. — Bibliographie, 1860, 374. — Email de Geoffroy Plantagenet, 1861, 27. — Crosses de Toussaint, 1861, 27. — Sépultures dites *ponnes*, 1861, 28. — Sceau de la Faculté de médecine d'Angers, 1861, 178. — Tombeau d'une abbesse du Ronceray, 1861, 187. — Architecture, 1861, 224. — Archives d'Angers, 1861, 251. — Dessin de Saint-Maur-sur-Loire, 1861, 317. — Dons faits au Musée, 1863, 246. — Bibliographie, 1863, 301. — Numismatique, 1863, 306. — Deniers de Charles Ier d'Anjou, 1864, 85. — Triens présumé inédit, 1864, 86. — Noël Taillepied, 1864, 325. — Un tableau attribué au roi René, 1864, 327. — Plat du roi René, 1864, 330. — Amphithéâtre de Gennes, nouvelles fouilles, 1864, 333. — Conservation des monuments, 1865, 85. — Découverte de médailles d'or à Angers, 1865, 86. — Jean de l'Espine, architecte angevin, 1865, 112. — Plat curieux : portrait de Claude Robin, 1865, 206. — Reliquaire en plomb (chapelle Saint-Jacques-des-Renfermés), 1865, 262. — Découvertes à Brain-sur-Allonnes, 1866, 131. — Hôpital Saint-Jean (lettre au maire d'Angers), 1866, 135. — Bas-relief de la chapelle de la Blanchaye, 1866, 135. — Cathédrale d'Angers. Fouilles à effectuer (lettre au Ministre des Cultes), 1866, 367. — François d'Orignai, *alias* d'Orignac, abbé de Saint-Serge, 1867, 124. — Cloches du Ronceray (lettre au maire d'Angers), 1867, 130. — Mort de M. Tristan Martin du Verger, 1867, 131. — Mort de M. G. Bordillon, 1867, 191. — Note sur la construction de l'hôpital Saint-Jean (lettre à M. de Lens), 1867, 256 (en note). — Greniers et caves de l'ancien hôpital Saint-Jean d'Angers (lettre au Ministre de l'Instruction publique), 1868, 366. — Epitaphe de l'abbé Ato, 1867, 370. — Caillou gravé provenant de Mézeray (Sarthe), 1867, 372. — Bibliographie, 1868, 157. — Bâtiments de l'ancien Hôtel-Dieu d'Angers, 1868, 406, 412.

Grignon (H.) curé de Nantilly. — Bénédiction et consécration de la nouvelle église de Martigné-Briand (extr. de l'Union de l'Ouest), 1868, 360.

J

Janin. — *Chronique* : Un logis du xvie siècle (rue Baudrière), 1865, 333.

Jouin (Henry). — Jules-Eugène Lenepveu, membre de l'Institut, 1869, 285.

L

L. (P.). — *Chronique* : La baîllée des filles aux Ponts-de-Cé, 1865, 160. — Bibliographie : « Monographie de Champtoceaux », 1865, 339. — « Revue du Ministère de l'Instruction publique pour 1867 » (extrait relatif aux travaux de M. Godard-Faultrier), 1867, 255.

Lachèse (E.). — *Chronique* : Mort de M. Mangeon, maître de chapelle de la cathédrale, 1867, 132.

Lachèse (F.). — Cathédrale d'Angers. Proposition faite à la séance de la Commission archéologique du 6 novembre 1861, 1861, 373.

Lachèse (Paul). — Une colonie angevine, 1861, 329. — Antiquités antédiluviennes, 1862, 273.

Lallement (Louis). — Note sur le lieu de naissance de René II, 1861, 380.

Lecoy. — Bardoul, architecte angevin, 1858-1859, 127.

Lemarchand (Albert). — Rapport sur les mémoires présentés au concours de 1858 [Société d'agriculture, sciences et arts], 1858-1859, 145. — Compte rendu de la séance publique du 21 février 1859 [Société d'agriculture, sciences et arts], 1858-1859, 210.

Loyer (Paul). — Hache celtique trouvée à Saint-Germain près Montfaucon, 1862, 126.

M

Margry. — *Chronique* : Ogeron de la Bouère, 1865, 252.

Martin (Alfred). — Ancienne fonderie de cloches à Angers, 1866, 338.

Martin (Tristan). — Médailles gauloises et romaines rencontrées dans l'arrondissement de Cholet et spécialement dans l'ancienne *statio Segora*. 1865, 1. — Le logis de Joachim du Bellay à Liré, 1868, 93. — Découverte de monnaies d'or de Fernand et d'Isabelle, souverains d'Espagne (légende de la Chapronnière), 1868, 98.

Chronique : Médaille gauloise récemment découverte à la Ségourie, 1865, 209.

N

Négrier (L'abbé). — Des lampes ardentes dans les cimetières, 1858-1859, 15.

P

P. (L.). — *Chronique* : M. Millet de la Turtaudière, 1866, 129.

Pletteau (L'abbé T.). — Le Jansénisme dans l'Université d'Angers, 1862, 337. — Evêques et moines angevins ou l'Anjou ecclésiastique, 1864, 93 (inachevé).

Prévost (Commandant F.). — Notice sur les Arvii, voisins de l'Anjou, 1865, 315. — Dissertation sur les forts vitrifiés, 1866, 97. — Notice sur le *murus* gaulois de Cinais (Indre-et-Loire), 1866, 317.

Chronique : Médaille de Caligula trouvée dans la cour du nouveau quartier de cavalerie à Angers, 1866, 132.

Q

Quicherat (Jules). — *Chronique* : Craon. Enceinte concentrique (extrait de la Revue des Sociétés savantes), 1865, 335.

R

R. D. R. — Enseigne de pèlerin, 1865, 156.

Ratouis (Paul). — Les armes de Saumur, 1867, 20. — Camp de la Breille (v. Bruas), 1868, 5. — Camps de la Breille, 1868, 401.

Chronique : Epée du xvie siècle, 1865, 332. — Bibliographie : « Les Cartulaires angevins », 1865, 339. — Notice historique sur la fondation de l'Hôtel-Dieu de Saumur, 1866, 137. — Une topographie latine d'Angers en 1657, 1866, 365. — Retranchement dit le *Bois de la Girard*, commune de la Breille, 1867, 374.

Raimbault (Louis). — Documents sur l'amphithéâtre romain de Grohan à Angers, 1862, 26. — Les échevins ou anciens administrateurs de la ville de Saumur, 1862, 81. — Notice historique sur le château et la commune de Brézé, 1863, 65, 221. — La famille de Châteaubriant en Anjou, 1864, 10. — Notice historique sur le château et la commune de Montsoreau, 1865, 304. — Notice historique sur le château de Marson et la commune de Rou-Marson, 1866, 60. - Note sur Chanzé et La Rive, maisons de plaisance du roi René, 1866, 333. — Chapelle de Béhuard. Inventaire de 1527, 1866, 344. — Notice historique sur la commune de Faveraye, 1867, 325. — Notice historique sur la commune de Beaulieu, 1868, 81. — Fondation du prieuré de Thouarcé, 1868, 426. — Histoire des voies de communication et itinéraire de nos rois dans le canton de Thouarcé, 1869, 272.

Chronique : Balthazard Pavillon, écrivain saumurois, 1861, 92. — Cloches anciennes, 1862, 312.

Renault (E.). — Notes biographiques sur le Docteur Renou, 1862, 405.

Chronique : Rectification relative à l'église de Céaux, diocèse d'Avranches, 1864, 337.

Ribault de Langardière (Ch.). — *Chronique* : Des noëls angevins, 1861, 183.

S

Salles (A. de). — Des chaires dans les églises, 1866, 349.

Sauvage (H). — Inscriptions relevées en la commune du Louroux-Béconnais, 1869, 232. — Gabriel de Boylesve, évêque d'Avranches, 1869, 261.

Chronique : Note sur les deniers trouvés au Louroux-Béconnais, 1868, 416.

Sommier (B). — *Chronique* : Dolmen de Saint-Nazaire, 1866, 368.

Sorin (J.). — Lettre à M. Grégoire Bordillon, 1863, 37.

T

Tardif (L'abbé). — Bas-relief en bois doré, du xve siècle, représentant la récompense promise aux œuvres de miséricorde (à la Trinité d'Angers), 1858-1859, 118.

V

V. — *Chronique :* Chapelle du collège de Bué ou de Bueil, rue de la Roë, à Angers, 1865, 251.

Vivion (B.), curé de Tigné. — Translation du cœur de Mgr Claude-Maur d'Aubigné, 1867, 344.

Voisin (L'abbé). — Monuments de pierre. Que la plupart de nos monuments de pierre seraient des fins ou limites de fiefs, 1861, 21.

Anonymes

Note sur la Commission archéologique de Maine-et-Loire, et addition à son règlement, 1858-1859, 1.

Bureau de la Commission archéologique pour l'année 1859, 1858-1859, 3.

Compte rendu des séances de la Commission archéologique, 1860, 3, 65, 101, 129, 169, 201, 233, 303 ; — 1861, 24, 62, 128, 191, 273, 348 ; — 1862, 30, 189, 286, 319 ; — 1863, 143, 309 ; — 1864, 50.

Catalogue de l'exposition archéologique de 1858 à Angers, 1858-1859, *in fine*.

Exposition de 1864 à Angers. Section d'archéologie : catalogue, 1864, 257.

Note au sujet des articles sur Henri Arnauld et le Jansénisme publiés dans le Répertoire archéologique (par le comité de rédaction de la Commission archéologique), 1863, 47.

Commune de Tigné. Construction d'une nouvelle église. Procès-verbal de bénédiction de la première pierre, 1860, 226.

Musées archéologiques d'Angers, 1861, 35.

Académie des Inscriptions et Belles-Lettres. Médaille obtenue par M. de Matty de Latour, 1861, 340.

Nécrologie : Philippe Béclard, 1862 (pagination spéciale après la page 288).

Extrait du « Journal de Rennes » concernant la découverte d'une grotte celtique faite près de Carnac, 1862 (pagination spéciale après la page 320).

La fontaine du roi René à Baugé, 1864, 18.

Tombeaux du maréchal de Rieux et de Suzanne de Bourbon à Ancenis, 1864, 35.

Tapisseries de la cathédrale Saint-Maurice d'Angers, 1864, 68.

Erratum : Saint-Florent près Saumur, 1865, 162.

Pierre Ayrault, 1865, 325.

Exposition universelle de 1867 à Paris. Section française. Commission de l'histoire du travail, 1866, 120, — règlement de l'exposition, 1866, 371.

Ulger, évêque d'Angers (d'après l' « Histoire littéraire de la France »), 1867, 5.

Protestation de la Société d'agriculture et consultation des avocats d'Angers contre l'enlèvement des statues de Fontevrault, 1867, 31.

Projet d'enlèvement des statues de Fontevrault. Documents divers, 1867, 59.

Nécrologie : Eugène Appert, 1867, 77.

Documents inédits sur la Révolution : Translation de quatorze détenus de Laval à Doué. Détail historique du voyage des prêtres du département de la Mayenne depuis Laval à Rambouillet (22 octobre 1793), 1868, 18.

Établissement de la communauté des Filles de la Trinité à Angers (extrait des registres de la mairie d'Angers, 1625), 1868, 421.

Nouveaux noms des rues d'Angers, 1869, 181.

L'aumône de Guillanleu, 1869, 155.

Nécrologie : Mgr Angebault, 1869, 236.

Bibliographie, 1862, 124, 284, — 1866, 80.

Chronique, 1860, 30, 64, 100, 126, 199, 229, 301, 341, 367, 373 ; — 1861, 31, 88, 177, 251, 313, 344 ; — 1862, 127, 191, 254, 281, 305, 388, 417 ; — 1863, 34, 203, 247 ; — 1864, 239, 290, 332 ; — 1865, 87, 98, 161, 206, 337 ; — 1866, 31, 369; — 1867, 86, 121, 255, 368 ; — 1868, 154, 407 ; — 1869, 254, 293.

II

TABLE DES MATIÈRES [1]

A

Age de pierre, par G. (*chronique*), 1865, 257.

Ancenis. — Tombeaux du maréchal de Rieux et de Suzanne de Bourbon à Ancenis, par ***, 1864, 35.

Angebault (Mgr). — Article nécrologique, par ***, 1869, 236.

Angers. — *Académie.* Sceau de l'Académie d'Angers, par *** (chronique), 1861, 180.

Archives. Archives d'Angers, par Godard-Faultrier (chronique), 1861, 251.

Aumônerie. Aumônerie de Fils-de-prêtre par Godard-Faultrier, 1865, 89.

Carmes. Notes sur le couvent des Carmes d'Angers, par L. de Farcy, 1867, 334.

Caserne de cavalerie. Vases découverts en creusant les fondements de la caserne de cavalerie à Angers (chronique), 1862, 281.

Cathédrale. Tapisseries de la cathédrale d'Angers, par G.-T. Chambers (chronique), 1860, 369 ; — Crypte des évêques à la cathédrale d'Angers, par Godard-Faultrier, 1860, 399 ; — Découverte à Saint-Maurice d'Angers du cercueil de Jean du Mas, évêque nommé de Dol, par Godard-Faultrier, 1861, 241 ; — Vitraux de la cathédrale, par *** (chronique), 1861, 254 ; — Cathédrale d'Angers, bruits fâcheux (lettre adressée au

---

[1] Quelques articles n'ayant pu trouver place sous des noms de lieux ou de personnes ont été groupés sous des termes génériques tels que Archéologie, Découvertes archéologiques, Bibliographie.

Ministre), par Godard-Faultrier, 1861, 275 ; — Autels de la cathédrale, par Barbier de Montault (chronique), 1861, 316 ; — Un vitrail de l'abside de la cathédrale d'Angers, par Godard-Faultrier, 1861, 358 ; — Cathédrale d'Angers. Proposition faite à la séance de la Commission archéologique du 6 novembre 1861, par F. Lachèse, 1861, 373 ; — Les tapisseries de l'Apocalypse de la cathédrale d'Angers, dites « Tapisseries du roi René », par Godard-Faultrier, 1862, 86 ; — Tapisseries de l'Apocalypse, par *** (chronique), 1862, 309 ; — Tombeau d'autel-sud de la cathédrale d'Angers, par *** (chronique), 1862, 256 ; — Croix du chapitre d'Angers, par *** (chronique) 1863, 34 ; — Les orgues de la cathédrale de Saint-Maurice d'Angers, par G.-T. Chambers, 1864, 53 ; — Tapisseries de la cathédrale Saint-Maurice d'Angers, par ***, 1864, 68 ; — La cathédrale d'Angers de 1451 à 1500, par Godard-Faultrier, 1865, 217, — id de 1500 à 1533, 1865, 234, — id. de 1533 à 1543, 1865, 41, — id. de 1543 à 1619, 1865, 117 ; — Ancien mobilier de la cathédrale d'Angers : vase de Cana, œufs d'autruche, pommes dorées, par Godard-Faultrier, 1865, 140 ; — Cathédrale d'Angers (chronique) gravure sur bois, 1865, 163 ; — Ancien mobilier de la cathédrale d'Angers, par Godard-Faultrier : I L'épée de saint Maurice, II Cierge pascal, III Fers à hosties, IV Costume ecclésiastique, pommes d'airain, V Instruments de paix, VI Bénitier, VII Pierres précieuses, VIII Os de baleine, IX Peignes, X Bancs, XI Ambons, XII Lectrins, lutrins, XIII Lits, XIV Chaire pontificale, XV Courtine et voile devant le maître-autel, XVI Livres enchaînés, XVII *Libri signati*, XVIII *Quaterni*, XIX Livre du serment dit « de la Jurande », XX Livre du Croissant, XXI Bulle en parchemin, XXII Lanternes, suspensions, candélabres, 1865, 165 ; — Note sur l'ancien narthex de la cathédrale, par M. Baugé, curé de Candé (chronique), 1865, 210 ; — Cathédrale d'Angers, *erratum* (chronique), 1865, 216 ; — Vitraux du château du Verger transportés à la cathédrale d'Angers (chronique), 1865, 216 ; — La cathédrale d'Angers : I Saint Serené, II Pierre d'Avoir, bienfaiteur, III Bienfaiteurs ecclésiastiques, par Godard-Faultrier, 1865, 265 ; — La cathédrale d'Angers, par Godard-Faultrier, 1866, 5, 33, 81 ; — La cathédrale d'Angers : I ancien narthex, II Anciens usages, III Monument funèbre, IV Note sur Jehan de Bourdigné, par Godard-Faultrier, 1866, 280 ; — Cathédrale d'Angers, fouilles à effectuer (lettre au Ministre des cultes), par Godard-Faultrier (chronique), 1866, 367 ; — Parure des tombes des rois et reines de Naples, ducs et duchesses d'Anjou, dans la cathédrale d'Angers, par Godard-Faultrier, 1868, 65 ; — Le caveau de la cathédrale d'Angers, par L. de Farcy, 1869, 242 ; — Voy. Dessins inédits, René d'Anjou, Thiéphaine.

Chapelles. Chapelle de l'ancien cimetière du Tertre Saint-

Laurent, par Godard-Faultrier (chronique), 1860, 198 ; — Chapelle Saint-Jacques-des-Renfermés, voy. Reliquaire.

Château. Le château d'Angers au temps du roi René et les manoirs de ce prince à Chanzé, la Ménitré et Reculée, par Godard-Faultrier, 1866, 141.

Enceinte. Seconde enceinte d'Angers (chronique), 1865, 87.

Évêché. Evêché d'Angers (chronique), 1862, 281. — Voy. Joly-Leterme.

Faculté de médecine. Sceau de la faculté de médecine d'Angers, par Godard-Faultrier (chronique), 1861, 178.

Hôpital Saint-Jean et Hôtel-Dieu. Hôpital Saint-Jean, par Godard-Faultrier, 1860, 187 ; — Hôpital Saint-Jean (lettre au maire d'Angers), par Godard-Faultrier (chronique), 1866, 135 ; — Note sur la construction de l'hôpital Saint-Jean (lettre à M. de Lens), par Godard-Faultrier (chronique), 1867, 256 en note ; — Peintures murales trouvées dans l'ancien hôpital Saint-Jean à Angers, par Godard-Faultrier, 1867, 356 ; — Greniers et caves de l'ancien hôpital Saint-Jean d'Angers (lettre au Ministre de l'Instruction publique), par Godard-Faultrier (chronique), 1867, 366 ; — Bâtiments de l'ancien Hôtel-Dieu d'Angers, par Godard-Faultrier, (chronique), 1868, 406, 412. — Voy. Musée.

Musées d'antiquités. Oliphant du musée d'Angers, par Godard-Faultrier, 1858-1859, 1 ; — Musées archéologiques d'Angers, par ***, 1861, 35 ; — Dons faits au Musée, par Godard-Faultrier (chronique), 1863, 246 ; — Inscription du xviie siècle gravée sur pierre, conservée dans la salle de l'ex-hôpital Saint-Jean à Angers (chronique), 1867, 87 ; — Inventaire raisonné des principaux objets du musée d'antiquités d'Angers, par Godard-Faultrier, 1867, 89, 137, 201, 261. — Toussaint. Histoire et catalogue, par Godard-Faultrier, 1860, 249. — Voy. Crosses, Exposition de 1867.

Musée diocésain. Christ émaillé, par Barbier de Montault (chronique), 1860, 371.

Monuments. Documents sur l'amphithéâtre romain de Grohan, à Angers, par Louis Raimbault, 1862, 26 ; — Hôtel d'Anjou ou Pincé (chronique), 1860, 199 ; — Hôtel de la Roë, par R. D., 1866, 116 ; — Tour dite des Druides et ses annexes, par Godard-Faultrier, 1864, 307 ; — Tour dite des Druides (chronique), 1865, 102 ; — Fragments provenant de la démolition de la Tour dite des Druides opérée en 1865 (chronique), 1865, 161 ; — La tour Saint-Aubin à Angers, par Godard-Faultrier, 1867, 23

Notre-Dame-de-Sous-Terre. Histoire de Notre-Dame-de-Sous-Terre, manuscrit inédit de J.-P. Audusson, copié par lui sur le « Livre des antiquités de Lesvière », publié par Godard-Faultrier, 1869, 189.

Reverbères. Etablissement des reverbères à Angers (chronique), 1862, 314.

Ronceray. Cryptes du Ronceray (chronique), 1861, 320 ; — Crypte du Ronceray (chronique), 1862, 128 ; — Cloches du Ronceray (lettre au maire d'Angers), par GODARD-FAULTRIER (chronique), 1867, 130.

Rues et maisons. Vieille maison sur la place du Pilori (chronique), 1861, 251 ; — Piles de pont découvertes à Angers, rue Bourgeoise, par R. D. (chronique), 1862, 310 ; — Un logis du xvie siècle, rue Baudrière, par JANIN (chronique), 1865, 333 ; — Découverte d'un canal romain, rue Haute-du-Figuier (chronique), 1867, 86 ; — Maison de la Pie-qui-parle, montée Saint-Maurice (chronique), 1868, 417 ; — Nouveaux noms des rues d'Angers, par ***, 1869, 181. — Voy. Découvertes archéologiques.

Saint-Maimbeuf. Pièces détachées des archives de la collégiale de Saint-Maimbeuf à Angers, par BARBIER DE MONTAULT, 1861, 297.

Saint-Martin. Notice historique sur la relique de Saint-Martin d'Angers appartenant actuellement à l'église de Saint-Pierre de Saumur, par l'abbé G. BRIFFAULT (chronique), 1865, 109. — Cercueils en pierre trouvés près de l'ex-église Saint-Martin à Angers, par GODARD-FAULTRIER, 1866, 315.

Saint-Nicolas. Charte de l'an 1096 relative à l'abbaye de Saint-Nicolas-lès-Angers, par BARBIER DE MONTAULT, 1862, 55.

Saint-Serge. Le chœur de Saint-Serge à Angers, par GODARD-FAULTRIER, 1866, 109. — Voy. Joly-Leterme, Orignai (François d').

Sainte-Thérèse. Eglise Sainte-Thérèse (chronique), 1862, 388.

Statues. Statue du roi René (chronique), 1865, 102.

Théâtre. Incendie du théâtre d'Angers (chronique), 1865, 337.

Toussaint. Sceau du couvent de Toussaint (chronique), 1865, 104.

Trinité. Vitrail de la Trinité (chronique), 1861, 252 ; — Inscription du xve siècle à la Trinité d'Angers, par GODARD-FAULTRIER, 1867, 361 ; — Inscription à la Trinité d'Angers (chronique), 1867, 86 ; — Peintures murales à la Trinité d'Angers (chronique), 1865, 162 ; — Eglise de la Trinité (chronique), 1862, 388. — Voy. Joly-Leterme.

Voyez Bel-Air, Bon-Pasteur, Bibliographie, Cloches, Bueil, Découvertes archéologiques, Exposition, Filles de la Trinité, Industrie, Jansénisme, Lanier, Médailles, Monuments antiques, Monuments gaulois, Notre-Dame-des-Champs, Numismatique, Œuvres de miséricorde, Ordonnances, Portraits, Rose d'or, Société d'agriculture, sciences et arts, Sœurs de Saint-Charles, Topographie latine.

Angers (Arrondissement d'). Voy. Carte celtique, Monuments antiques, Monuments gaulois.

Angers (Diocèse d') Reliques des églises du diocèse d'Angers, par BARBIER DE MONTAULT, 1862, 19. — Nouvelles églises dans le diocèse d'Angers (chronique), 1863, 203. — Carte du diocèse d'Angers (chronique), 1861, 256. — Voyez Etudes ecclésiologiques.

Angers (Eglise d'). Voy. Armorial.

Anjou. — Notes sur l'Anjou (chronique), 1860, 229. — Notes historiques (chronique), 1860, 231. — Voy. Archéologie, Evêques, Monuments antiques.

Anjou (comtes d'). Voy. Gravures.

Antiquités antédiluviennes, par Paul LACHÈSE, 1862, 273.

Antiquités celtiques, par GODARD-FAULTRIER, 1861, 171. — Numismatique angevine, par GODARD-FAULTRIER, 1861, 225.

Antiquités mérovingiennes. — Numismatique angevine, par GODARD-FAULTRIER, 1863, 21.

Antiquités carlovingiennes. — Numismatique angevine, par GODARD-FAULTRIER, 1863, 417.

Antiquités féodales. — Numismatique angevine (comtes Ingelgériens et Plantagenets), par GODARD-FAULTRIER, 1863, 432.

Appert (Eugène). — Article nécrologique, par.***, 1867, 77.

Arbrissel (Robert d'). — Reliques du B. Robert d'Arbrissel, par BARBIER DE MONTAULT, 1860, 207. — Etude hagiographique sur Robert d'Arbrissel, fondateur de l'ordre de Fontevrault, par BARBIER DE MONTAULT, 1863, 313. — Voy. Fontevrault.

Archéologie. — Renseignements archéologiques (chronique), 1860, 200. — Renseignements archéologiques sur l'Anjou, par BARBIER DE MONTAULT (chronique), 1860, 372. — Appréciations archéologiques relatives à l'Anjou, par BARBIER DE MONTAULT (chronique), 1861, 30. — Cercueil gallo-romain en plomb (chronique), par GODARD-FAULTRIER, 1860, 228. — Plaque-agrafe de baudrier, 1865, 116. — Voy. Antiquités, Découvertes archéologiques, Epée, Exposition.

Architecture. — Architecture, églises (chronique), 1861, 95. — Architecture (chronique), 1861, 185. — Architecture, par GODARD-FAULTRIER (chronique), 1861, 224.

Archives. Voy. Angers.

Armorial des évêques et administrateurs de l'insigne église d'Angers, par BARBIER DE MONTAULT, 1863, 249.

Arnauld (Henri). — Note au sujet des articles sur Henri

Arnauld et le Jansénisme publiés dans le Répertoire archéologique, par le COMITÉ DE RÉDACTION DE LA COMMISSION ARCHÉOLOGIQUE, 1863, 47. — Sur la polémique qui s'est élevée à l'occasion de Henri Arnauld, évêque d'Angers, par BOUGLER, 1863, 81.

Arvii. — Notice sur les Arvii, voisins de l'Anjou, par le commandant F. PRÉVOST, 1865, 315.

Asnières. — Abbaye d'Asnières, 1858-1859, 195.

Ato. — Epitaphe de l'abbé Ato, par GODARD-FAULTRIER (chronique), 1867, 370.

Aubigné (Mgr d'). — Translation du cœur de Mgr Claude-Maur d'Aubigné, par l'abbé B. VIVION, curé de Tigné, 1867, 344. — Voy. Découvertes archéologiques.

Aubin (Saint). — Crosse de Saint-Aubin, par GODARD-FAULTRIER, 1864, 24.

Aumône de Guillanleu (L'), par ***, 1869, 155.

Auverse (commune d') par GODARD-FAULTRIER, 1862, 14.

Avoir (Pierre d'). Voy. Angers (cathédrale).

Ayrault (Pierre), par ***, 1865, 325.

B

Baillée des filles (La), aux Ponts-de-Cé, par P. L. (chronique), 1865, 160.

Balduin ou **Baudouin** (François), par GODARD-FAULTRIER, 1862, 33.

Balue. — Portrait du cardinal Balue (chronique), 1862, 255.

Barbier de Montault (Mgr). — Sa nomination comme chanoine d'honneur de la basilique d'Anagni (chronique), 1861, 319 (chronique); — 1862, 311.

Bardoul. — Bardoul, architecte angevin, par LECOY, 1858-1859, 127.

Baudouin de Rély. Voy. Rély.

Baugé. — Concours pour la construction du tribunal et de la prison de Baugé (chronique), 1860, 367. — La fontaine du Roi René à Baugé, par ***, 1864, 18.

Baugé (arrondissement de). — Notes sur quatre communes de l'arrondissement de Baugé : Montpollin, Vieil-Baugé, Fougeré, Echemiré, par COLOMB, 1869, 228. — Voy. Monuments antiques, monuments gaulois.

Baumette. — Peintures murales de l'ancien couvent de la Baumette, par L. DE FARCY, 1868, 418.

Bauné. — Notes sur les cloches de Bauné, Par J. DENAIS (chronique), 1868, 409. — Commune de Bauné, découverte de briques romaines, par J. DENAIS (chronique), 1869, 255.

Beaufort. Voy. Médailles.

Beaulieu. — Notice historique sur la commune de Beaulieu, par Louis RAIMBAULT, 1868, 81.

Beaupréau. — Sceau de l'ancien collège de Beaupréau (chronique), 1861, 319.

Beauregard (M. de). — (Chronique), 1860, 100.

Béclard (Philippe). — Article nécrologique, par ***, 1862, (pagination spéciale après la page 288).

Béhuard. — Église de Béhuard (chronique), 1862, 96. — Chapelle de Béhuard. Inventaire de 1527, par Louis RAIMBAULT, 1866, 344.

Bel-Air. — Le logis de Bel-Air, par GODARD-FAULTRIER, 1861, 257.

Bellay. — Le logis de Joachim du Bellay, à Liré, par Tristan MARTIN, 1868, 93.

Benoist. — Décès de l'abbé Benoist (chronique), 1863, 36.

Bessé. Voy. Églises.

Beulé. — Fouille de M. Beulé, à Carthage, par Philippe BÉCLARD (chronique), 1861, 346.

Bibliographie. — Bibliographie angevine (chronique), 1860, 31, 64, 127, 199, 342, 373. — Bibliographie, par GODARD-FAULTRIER (chronique), 1860, 374. — Bibliographie angevine, par BARBIER DE MONTAULT (chronique), 1861, 32. — Bibliographie (chronique), 1861, 93 ; — 1862, 124, 284. — Bibliographie, par GODARD-FAULTRIER (chronique), 1863, 301. — Bibliographie : Catalogue des manuscrits de la Bibliothèque d'Angers, par GODARD-FAULTRIER, 1864, 27. — Bibliographie (chronique), 1865, 105. — Bibliographie : Monographie de Champtoceaux (chronique), par P. L., 1865, 339. — Bibliographie : Les cartulaires angevins, par Paul RATOUIS (chronique), 1865, 339. — Bibliographie, 1866, 80. — Bibliographie angevine (chronique), 1867, 260. — Bibliographie, par GODARD-FAULTRIER (chronique), 1868, 157. — Bibliographie angevine : Livres angevins provenant de la Bibliothèque du château de Saint-Ylie (Jura), par Joseph DENAIS, 1869, 247. — Bibliographie, par GODARD-FAULTRIER, 1869, 289.

Blaison. — Façade de l'église de Blaison (chronique), 1862, 417.

Blanchaye (La). — Bas-relief de la chapelle de la Blanchaye, par GODARD-FAULTRIER (chronique), 1866, 135.

Blois. Pourpoint de Charles de Blois. Voy. Nouvelles archéologiques.

Bois de la Girard. Voy. Breille (La).

Boiserie. Voy. Notre-Dame-de-Paris.

Bon-Pasteur. — La chapelle du Bon-Pasteur d'Angers, par GODARD-FAULTRIER, 1858-1859, 223.

Bordillon. — Mort de M. G. Bordillon (chronique), par GODARD-FAULTRIER, 1867, 191. — Voy. Sorin.

Boumois. — Le château, la terre, le prieuré et les chapellenies de Boumois, par BARBIER DE MONTAULT, 1858-1859, 85.

Bourbon. — Jeanne-Baptiste de Bourbon, 32ᵉ abbesse de Fontevrault (1637-1670). par GODARD-FAULTRIER, 1861, 161. — Suzanne de Bourbon. Voy. Ancenis.

Bourdigné (Jean de). Voy. Angers (cathédrale).

Bouzillé. — Quelques statues du château de Richelieu récemment transportées dans la commune de Bouzillé (Maine-et-Loire), par GODARD-FAULTRIER, 1864, 5.

Boylesve. — François de Boylesve (chronique), 1865, 206. — Gabriel de Boylesve, évêque d'Avranches, par GODARD-FAULTRIER, 1869, 226. — Gabriel de Boylesve, évêque d'Avranches, par H. SAUVAGE, 1869, 261.

Brain-sur-Allonnes. — Découvertes à Brain-sur-Allonnes (chronique), par GODARD-FAULTRIER, 1866, 131.

Breille (La). — Note sur un retranchement situé commune de la Breille (Maine-et-Loire), par GODARD-FAULTRIER, 1867, 249. — Retranchement dit le Bois de la Girard, commune de la Breille, par Paul RATOUIS (chronique), 1867, 374. — Camp de la Breille, par Albert BRUAS, et par Paul RATOUIS, 1868, 5. — Camps de la Breille, par Paul RATOUIS, 1868, 401. — Camps de la Breille, par Albert BRUAS, 1868, 429.

Breslay. — Pierre Breslay, par GODARD-FAULTRIER, 1861, 353.

Brézé. — Notice historique sur le château et la commune de Brézé, par Louis RAIMBAULT, 1863, 65, 221.

Brion. — Eglise de Brion, inscription (chronique), 1860, 341. — Diplôme du sacristain de Brion en 1762 (chronique), 1868, 414.

Broërec. — Le tombeau de Pierre de Broërec, par BARBIER DE MONTAULT, 1861, 168.

Bueil. — Chapelle du collège de Bué ou de Bueil, rue de la Roë, à Angers, par V. (chronique), 1865, 251.

C

Caillou gravé provenant de Mézeray (Sarthe), par Godard-Faultrier (chronique), 1867, 372.

Candes. Voy. Joly-Leterme, Nouvelles archéologiques.

Carmes. Voy. Angers.

Carnac. — Extrait du Journal de Rennes concernant la découverte d'une grotte celtique près de Carnac, 1862, pagination spéciale après la page 320.

Carte celtique de l'arrondissement d'Angers, par Godard-Faultrier, 1860, 339.

Carte gallo-romaine. — (Chronique), 1866, 370.

Carthage. Voy. Vase en plomb.

Cartons d'Autel. — (Chronique), 1861, 318.

Cartulaires angevins. Voy. Bibliographie.

Cassin. — Epigraphie : Epithaphe de M. Cassin, chanoine d'Angers, 1784 (chronique), 1860, 368.

Cathédrale d'Angers. Voy. Angers.

Céaux. — Rectification relative à l'église de Céaux, diocèse d'Avranches, par Renault (chronique), 1864, 337.

Cercueils. Voy. Angers (cathédrale, Saint-Martin).

Chaires. — Des chaires dans les églises, par A. de Salles, 1866, 349.

Chalonnes. — Découverte archéologique à Chalonnes-sur-Loire, par Barbier de Montault, 1858-1859, 313. — Voy. Etudes ecclésiologiques.

Chambellay (Commune de), par Godard-Faultier, 1862, 6.

Chambre au denier (La), par R. D., 1862, 52.

Champigné (Commune de), par Godard-Faultier, 1862, 11.

Champtocé. — Cimetière de Champtocé, cercueil en pierre coquillière (chronique), 1861, 187. — Voy. Croix.

Champtoceaux. Voy. Bibliographie.

Chanzé. — Note sur Chanzé et La Rive, maisons de plaisance du roi René, par Louis Raimbault, 1866, 333. — Voy. Angers (château).

Chapronnière (Légende de la). Voy. Monnaies.

Charles Ier. Voy. Numismatique.

Charles VII. Voy. Ordonnances.

Charnacé (comte de). — Lettre à M. Godard-Faultrier, 1862, 17.

Châteaubriant. — La famille de Châteaubriant en Anjou, par Louis Raimbault, 1864, 10.

Châteaugontier. — Restauration de l'église de la Trinité, à Châteaugontier, par Brunetière, 1858-1859, 304. — Découverte du bras de saint Just, à Châteaugontier, par Barbier de Montault (chronique), 1861, 314.

Chaudefont. — Calice de l'église de Chaudefont, par Barbier de Montault (chronique), 1861, 256. — Voy. Etudes ecclésiologiques.

Chaussures et croix d'absolution trouvées dans des tombeaux. Voy. Nouvelles archéologiques.

Chazé-Henry. — Église de Chazé-Henry (chronique), 1860, 343. — Colonne milliaire provenant de Chazé-Henry (chronique), 1865, 212.

Cheffes. — Inscription commémorative de la consécration de l'église de Notre-Dame de Cheffes, par Geoffroy III, la Mouche, évêque d'Angers, le 18 août 1267, par Barbier de Montault, 1858-1859, 315. — Inscription de la cloche de Cheffes (chronique), 1860, 341.

Chemellier (Découverte d'une sépulture franque à). Voy. Nouvelles archéologiques.

Chemillé. — Peintures murales (chronique), 1862, 418.

Cholet. — Histoire (Bibliographie), 1862, 192. — Tombeaux (chronique), 1862, 417. — Voy. Médailles.

Cholet (Arrondissement de). Voy. Monuments antiques, Monuments gaulois, Voies.

Christ émaillé. Voy. Angers (Musée diocésain).

Cierges peints. - (Chronique), 1861, 317.

Cimetières. Voy. Lampes ardentes.

Cinais. — Notice sur le *murus* gaulois de Cinais (Indre-et-Loire), par F. Prévost, 1866, 317.

Cinq-Mars. Voy. Nouvelles archéologiques.

Clergé angevin. Voy. Émigration, Révolution.

Cloches. — Cloches anciennes, par Louis Raimbault (chronique), 1862, 312. — Ancienne fonderie de cloches à Angers, par Alfred Martin, 1866, 338. — Voy. Candes, Durtal, Ecuillé.

Colonie angevine (Une), par Paul Lachèse, 1861, 329.

Commission archéologique de Maine-et-Loire. — Note sur la Commission archéologique et addition à son règlement, par ***, 1858-1859, 1. — Bureau de la Commission archéologique pour l'année 1858, 1858-1859, 3. — Compte rendu des séances de la Commission archéologique, 1860, 3, 65, 101, 129, 169, 201, 233, 303 ; — 1861, 24, 62, 128, 191, 273, 348 ; — 1862, 30, 189, 286, 319 ; — 1863, 143, 309 ; — 1864, 50. — Visites archéologiques de la Commission archéologique de Maine-et-Loire (chronique), 1860, 30. — Catalogue des moulages exécutés en 1859 aux frais de la Commission archéologique de Maine-et-Loire, par BARBIER DE MONTAULT, 1860, 361.

Commission liturgique. — (Chronique), 1860, 127.

Congrès. — Projet de congrès à Saumur (chronique), 1861, 177. — Congrès archéologique de France, session de 1862 à Saumur, 1862, 191. — Congrès archéologique de France (lettre à M. Léon Cosnier), par GODARD-FAULTRIER, 1862, 209, 225. — Congrès archéologique de France, 30e session, à Fontenay-le-Comte (chronique), 1864, 239. — Congrès des délégués des sociétés savantes de France (chronique), 1862, 127.

Conservation des monuments, par GODARD-FAULTRIER (chronique), 1865, 85. — Voy. Angers (*Monuments* : Tour des Druides), Archéologie.

Corné. Voy. Études ecclésiologiques.

Corporations. — Patrons des corporations ouvrières en Anjou, par BARBIER DE MONTAULT (chronique), 1861, 318.

Coup d'œil sur la sculpture et la peinture au xiie siècle, par l'abbé J. CORBLET, 1864, 71.

Coutumes féodales. — Quintaine (chronique), 1866, 369.

Craon. — Enceinte concentrique, par J. QUICHERAT (chronique), 1865, 335.

Croix. — Croix reliquaire (chronique), 1861, 31. — Note sur une croix ancienne (commune de Champtocé), par GODARD-FAULTRIER, 1869, 282. — Croix d'absolution. Voy. Chaussures. — Voy. Angers (cathédrale).

Crosses de Toussaint, par GODARD-FAULTRIER (chronique), 1861, 27.

Cunauld. — Flabellum de Cunauld, par GODARD-FAULTRIER, 1869, 141. — Voy. Joly-Leterme.

D

Dauban. — Tableau de la *Communion des Trappistes* (chronique), 1866, 140.

Découvertes archéologiques. — Découvertes archéologiques à Angers, par GODARD-FAULTRIER, 1861, 309 ; 1862, 281. — Découvertes archéologiques, par Godard-Faultrier : 1° Acte de baptême de Claude-Maur d'Aubigné, né à Tigné, décédé archevêque de Rouen ; 2° Plaque-agrafe de baudrier, trouvée à Gennes (époque mérovingienne) ; 3° Fouilles récentes faites à l'amphithéâtre de Gennes ; aqueduc romain, 1864, 241. — Mosaïques romaines découvertes à Angers (chronique), 1865, 88. — Découvertes archéologiques à Angers, rue Saint-Aubin, rue Haute-du-Figuier et derrière l'Académie, 1867, 190. — Découvertes archéologiques au camp d'Equilhen (chronique), 1867, 259. — Découverte archéologique à Angoulême : Confession (chronique), 1868, 413. — Voy. Archéologie, Saint-Jean-des-Mauvrets, Médailles, Monnaies.

Dessins inédits concernant l'Anjou : mausolée de René d'Anjou, inscription ; tombeau de Jeanne de Laval ; sépulture de Thiéphaine ; plan de la cathédrale avant 1699, par Godard-Faultrier, 1866, 250.

Disque d'argent. Voy. Nouvelles archéologiques.

Documents inédits. Voy. Révolution.

Dolmen. Voy. Saint-Nazaire.

Douces. Voy. Eglises souterraines.

Doué-la-Fontaine. Voy. Eglises souterraines.

Durtal. — Inscription de la cloche de Durtal (chronique), 1860, 342.

Duruy. — M. Duruy à Angers (chronique), 1867, 255.

E

Echemiré-Rigné. — Traces gallo-romaines, par M. Cottereau, 1864, 31. — Voy. Baugé (arrondissement).

Ecouflant. — Inscriptions de l'église d'Ecouflant (chronique), 1861, 95.

Ecuillé. — Cloches d'Ecuillé (chronique), 1869, 254.

Eglises. — Eglises de Saint-Georges-des-Sept-Voies, Saint-Pierre-en-Vaux, le Toureil, Bessé, Saint-Maur, etc..., par Godard-Faultrier, 1860, 149. — Eglises souterraines à Doué-la-Fontaine et à Soulanger. Souterrain-refuge à Douces, par Godard-Faultrier, 1865, 93. — Circulaire de l'évêque d'Angers, Mgr Angebault, aux curés du diocèse, relativement à l'érection d'une inscription commémorative, dans les églises nouvellement reconstruites ou restaurées (chronique), 1867, 368. — Voy. Angers (diocèse d').

Email de Geoffroy Plantagenet, par Godard-Faultrier (chronique), 1861, 27. — *Idem* (chronique), 1864, 290.

Emigration du clergé angevin en 1792 (chronique), 1861, 189.

Enseigne de pèlerin, par R. D. R., 1865, 156. — Enseigne de pèlerin. Pomme à chauffer les mains, 1865, 214.

Epée du XVIe siècle, par Paul RATOUIS (chronique), 1865, 332.

Epigraphie. — (Chronique), 1861, 89. — Epigraphie du département de Maine-et-Loire, par BARBIER DE MONTAULT, 1868, 105, 161, 433 ; — 1869, 1, 21, tables p. 89.

Epitaphe modèle. (Chronique), 1861, 187.

Ermengarde. — Notice sur Ermengarde d'Anjou, duchesse de Bretagne (XIIe siècle), par Gustave COUCHOT, 1864, 39.

Espine (Jean de l'), architecte angevin, par GODARD-FAULTRIER (chronique), 1865, 112.

Estouteville. — Le cardinal d'Estouteville, bienfaiteur des églises de Rome, par BARBIER DE MONTAULT, 1858-1859, 253.

Etudes ecclésiologiques sur le diocèse d'Angers, par BARBIER DE MONTAULT : Saint-Aubin-de-Luigné, 1860, 8 ; — Chaudefont, 1860, 52 ; — Chalonnes-sur-Loire, 1860, 115, 133, 171, 235, 290, 323 ; — Corné, 1861, 79 ; — Saint-Pierre de Trélazé, 1861, 116 ; — Saint-Martin-de-Restigné, 1861, 263 ; — Comptes de la fabrique de l'église du Pin-en-Mauges au XVIIIe siècle, 1862, 59, 115, 151, 177.

Evêché d'Angers. Voy. Angers, Livres liturgiques.

Evêques. — Evêques et moines angevins ou l'Anjou ecclésiastique, par l'abbé T. PLETTEAU, 1864, 93 (inachevé). — Voy. Armorial.

Expositions. — Exposition quinquennale agricole, industrielle et artistique de 1858, 3e division, 3e section, Archéologie, antiquités, par GODARD-FAULTRIER, 1858-1859, 169. — Catalogue de l'exposition archéologique de 1858, à Angers, 1858-1859, *in fine*. — Exposition nationale d'Angers, en 1864. Section d'archéologie, règlement, par GODARD-FAULTRIER, 1864, 88. — Exposition de 1864, a Angers. Section d'Archéologie, catalogue, 1864, 257. — Rapport sur l'Exposition archéologique de 1864, par GODARD-FAULTRIER, 1864, 285. — Exposition universelle de 1867, à Paris. Section française. Commission de l'histoire du travail, par ***, 1866, 120. — Règlement, 1866, 371. — Exposition universelle de 1867. Objets exposés par le musée d'Antiquités d'Angers, 1867, 88.

F

Falet. — Chapelle Falet (chronique), 1863, 247.

Faveraye. — Notice historique sur la commune de Faveraye, par Louis RAIMBAULT, 1867, 325.

Fers à cheval. Voy. Nouvelles archéologiques.

Fête des rois. — Fève de la Fête des rois (chronique), 1860, 64.

Filles de la Trinité. — Etablissement de la communauté des Filles de la Trinité, à Angers (extrait des registres de la mairie d'Angers, 1625), par ***, 1868, 421.

Fils-de-Prêtre. Voy. Angers (aumônerie).

Flabellum. Voy. Cunauld.

Florent (Saint). — Appendice aux actes de Saint-Florent, prêtre et confesseur, par BARBIER DE MONTAULT, 1864, 133.

Fontevrault. — Note sur Fontevrault, par GODARD-FAULTRIER, 1858-1859, 65. — Inscription. Voy. Nouvelles archéologiques. — Inscription de la cloche de Fontevrault (chronique), 1860, 342. — Commune de Fontevrault, par GODARD-FAULTRIER, 1861, 193. — Document inédit sur Fontevrault, par BARBIER DE MONTAULT (chronique), 1865, 334. — Statues de Fontevrault, par GODARD-FAULTRIER, 1866, 360, 377. — Protestation de la Société d'Agriculture, et consultation des avocats d'Angers, contre l'enlèvement des statues de Fontevrault, par ***, 1867, 31. — Projet d'enlèvement des statues de Fontevrault, documents divers, par ***, 1867, 59. — Voy. Arbrissel, Bourbon.

Forts vitrifiés. — Dissertation sur les forts vitrifiés, par le commandant F. PRÉVOST, 1866, 97.

Fougeré. Voy. Baugé (arrondissement).

Francaire (Saint). — Actes de saint Francaire, confesseur, par BARBIER DE MONTAULT, 1863, 453.

G

Généalogie. — Renseignements généalogiques et héraldiques (chronique), 1860, 230.

Gennes. — Amphithéâtre de Gennes. Nouvelles fouilles, par GODARD-FAULTRIER (chronique), 1864, 333. — Amphithéâtre de Gennes (chronique), 1865, 114. — Voy. Découvertes archéologiques.

Geoffroy Plantagenet. Voy. Email.

Godard-Faultrier. — 1866, 131. — Sa démission de président de la Commission archéologique (chronique), 1869, 293. — Voy. Revue du Ministère.

Gohard (Saint). — Notice sur saint Gohard, évêque de Nantes (IXe siècle), par Couchot, 1864, 61.

Gravures représentant les comtes d'Anjou (extr. du *Peplus* de Ménard), par Godard-Faultrier, 1869, 257.

Groban. Voy. Angers (monuments).

Guérif, peintre décorateur. — (Nécrologie), par Godard-Faultrier, 1861, 288.

Guillanleu. Voy. Aumône.

H

Henri II. Voy. Nouvelles archéologiques.

Henri IV. Voy. Marguerite d'Anjou.

Hôtel-Dieu. Voy. Angers, Saumur.

I

Industrie angevine. — Manufacture de toiles peintes et imprimées (chronique), 1864, 335.

Ingelgériens (comtes). Voy. Numismatique angevine.

Innocent XI. Voy. Médailles.

Itinéraire de nos rois. Voy. Voies.

J

Jansénisme. — Le Jansénisme dans l'Université d'Angers, par l'abbé Pletteau, 1862, 337. — Voy. Arnauld.

Jeanne de Laval. Voy. Dessins inédits.

Joannis. — Mort de M. de Joannis (chronique), 1867, 375.

Joly-Leterme. — Édifices restaurés par M. Joly-Leterme à Angers : Évêché, salle synodale, Saint-Serge, Trinité ; à Saumur : Saint-Pierre, la Visitation, Saint-Nicolas, Notre-Dame-des-Ardilliers, Nantilly ; Cunault, Candes, Puy-Notre-Dame (chronique), 1865, 98.

Just (Saint). Voy. Châteaugontier.

L

Lachèse (Ad.). — Lettre à M. Godard-Faultrier 1869, 293.

Lampes ardentes dans les cimetières (Des), par l'abbé Négrier, 1858-1859, 15. — Voy. Saumur.

Lanier. — Famille Lanier au foyer de son logis de la rue Saint-Julien, à Angers, par Godard-Faultrier, 1860, 305, 345.

Lanterne funéraire. Voy. Saumur.

Lasse. — Ordonnance de l'évêque d'Angers concernant la relique de saint Méen, à Lasse (chronique), 1861, 313.

Légende de la Chapronnière. Voy. Monnaies.

Légende rimée de sainte Marguerite, par H. Faugeron, 1861, 44.

Lemercier de la Rivière. Voy. Révolution.

Lenepveu, membre de l'Institut, par Henry Jouin, 1869, 285.

Lesvière. — La vraie-croix de Lesvière (chronique), 1861, 255. — Voy. Angers (Notre-Dame-de-sous-Terre).

Lettres du XIIIe siècle (chronique), 1860, 343.

Linières-Bouton (commune de), par Godard-Faultrier, 1862, 3.

Linières (Château de). 1862, 64. — Voy. Charnacé.

Liré. Voy. du Bellay.

Liturgie. — Notes sur divers meubles et usages ecclésiastiques, par Barbier de Montault (chronique), 1865, 327. — Voy. Livre d'heures. — Livres liturgiques de la bibliothèque de l'Evêché d'Angers (chronique), 1860, 343.

Livre d'heures. — Observations liturgiques et iconographiques sur un livre d'heures du XVe siècle, par Barbier de Montault, 1858-1859, 51.

Louis XI. — Portrait de Louis XI (chronique), 1862, 128.

Louroux-Béconnais. — Inscription découverte au Louroux-Béconnais, par Godard-Faultrier, 1867, 348. — Note sur les deniers trouvés au Louroux-Béconnais, par H. Sauvage (chronique), 1868, 416. — Inscriptions relevées en la commune du Louroux-Béconnais, par H. Sauvage, 1869, 232.

Luigné. — Décret de la Sacrée-Congrégation des Rites relatif au culte de saint Avertin, à Luigné, par Barbier de Montault, 1860, 203. — Commune de Luigné, par Godard-Faultrier, 1861, 291.

M

Magnelais. — Épitaphe d'Antoinette de Magnelais, dame de Villequier, par Godard-Faultrier, 1866, 93.

Maillé-Brézé. — Armand de Maillé-Brézé, amiral de France, par Ph. Béclard, 1861, 1.

Maindron (Don de M.). — (Chronique), 1860, 127.

Maine-et-Loire. Voy. Épigraphie, Topographie.

Mangeon. — Mort de M. Mangeon, maître de chapelle de la cathédrale, par E. LACHÈSE (chronique), 1867, 132.

Manufacture. Voy. Industrie.

Marcel (Saint). Voy. Tiercé.

Marguerite (Sainte). Voy. Légende rimée.

Marguerite d'Anjou. — Note sur le mariage de Marguerite d'Anjou avec Henri VI, roi d'Angleterre (chronique), 1868, 413.

Mariette. — Fouilles de M. Mariette en Égypte (chronique), 1861, 344.

Marson. — Notice historique sur le château de Marson et la commune de Rou-Marson, par Louis RAIMBAULT, 1866, 60.

Martigné-Briand. — Bénédiction et consécration de la nouvelle église de Martigné-Briand, par H. GRIGNON, curé de Nantilly (Extrait de l'*Union de l'Ouest*), 1868, 360.

Martin (Saint). Voy. Messe.

Martin. — Mort de M. Tristan Martin du Verger, par GODARD-FAULTRIER (chronique), 1867, 131.

Mas (Jean du). Voy. Angers (Cathédrale).

Matty de Latour (De). — Académie des Inscriptions et Belles-Lettres. Médaille obtenue par M. Matty de Latour, 1861, 340.

Maulévrier (Seigneurs de). Voy. Oyron.

Maurille (Saint). — Culte de saint Maurille dans le diocèse de Reims (chronique), 1861, 255.

Maxentiol (Saint). — Actes de saint Maxentiol, prêtre et confesseur, par BARBIER DE MONTAULT, 1863, 153.

Médailles. — Médaille du pape Innocent XI. Voy. Nouvelles archéologiques. — Médailles de bronze adressées par le gouvernement au musée des antiquités d'Angers (chronique), 1861, 189. — Médaille trouvée en Bretagne (chronique), 1861, 347. — Découverte de médailles près de Mayenne (chronique), 1864, 332. — Médailles gauloises et romaines rencontrées dans l'arrondissement de Cholet et spécialement dans l'ancienne *statio Segora*, par Tristan MARTIN, 1865, 1. — Découverte de médailles d'or à Angers, par GODARD-FAULTRIER (chronique), 1865, 86. — Médaille de Caligula trouvée dans la cour du nouveau quartier de cavalerie à Angers, par F. PREVOST (chronique), 1866, 132. — Médailles trouvées près de Beaufort, par J. DENAIS (chronique), 1868, 409. — Voy. Numismatique, La Ségourie.

Méen (Saint). Voy. Lasse.

Ménard. — Baptême de l'historien Claude Ménard (chronique), 1860, 126.

Ménitré (La). Voy. Angers (château).

Messe de saint Martin (La), par R. D. (chronique), 1866, 133.

Michel (Jean), évêque d'Angers, par GODARD-FAULTRIER, 1860, 377. — La chaire du vénérable Jean Michel, évêque d'Angers (chronique), 1867, 257.

Millet de la Turtaudière, par L. P. (chronique), 1866, 129.

Monnaies. — Monnaies seigneuriales découvertes au Puits-Anceau, en 1858, par A. BOURDEILLE, 1858-1859, 60. — Monnaies angevines ecclésiastiques. Voy. Nouvelles archéologiques. — Offrandes de monnaies. Voy. Nouvelles archéologiques. — Monnaies, époque gauloise (chronique), 1861, 88, — époque carlovingienne (chronique), 1861, 89. — Découverte de monnaies d'or de Fernand et d'Isabelle, souverains d'Espagne (Légende de la Chapronnière), par Tristan MARTIN, 1868, 98. - Monnaies anciennes trouvées en Maine-et-Loire (chronique), 1869, 254. — Voy. Numismatique.

Monnoie (Forêt de). Voy. Numismatique.

Montpollin. Voy. Baugé (arrondissement).

Montsoreau. — Note historique sur le château et la commune de Montsoreau, par Louis RAIMBAULT, 1865, 304.

Monuments antiques de l'Anjou (chronique), 1860, 232. — Monuments antiques de l'Anjou ou mémoire sur la topographie gallo-romaine du département de Maine-et-Loire, par GODARD-FAULTRIER : Angers, 1862, 65, 97, 129, 161, 193, 257, 289, 321, 389; — 1863, 5, 49; — Arrondissement de Baugé, 1863, 52; — Arrondissement de Cholet, 1863, 61, 205; — Arrondissement de Saumur, 1863, 211, 385; — Arrondissement de Segré, 1863, 397.

Monuments gaulois de l'Anjou, ou mémoire sur la topographie celtique du département de Maine-et-Loire, d'après les médailles, les sépultures, les dolmens, les peulvans, etc..... par GODARD-FAULTRIER, Angers, 1858-1859, 237, 282; — Arrondissement de Baugé, 1860, 18; — Arrondissement de Cholet, 1860, 35; — Arrondissement de Saumur, 1860, 67; Arrondissement de Segré, 1860, 103. — Monuments gaulois de l'Anjou, par L. C. (chronique), 1863, 34.

Monuments de pierre. — Que la plupart de nos monuments de pierre seraient des *fins* ou limites de fiefs, par l'abbé VOISIN, 1861, 21.

Morannes (commune de), par GODARD-FAULTRIER, 1861, 129.

Morin. — Extraits d'une notice de M. E. Morin, par R. D. (chronique), 1862, 306.

Mosaïques romaines. — (Chronique), 1865, 88.

Moulages. Voy. Commission archéologique.

Mûrs. — Église de Mûrs (chronique), 1863, 36.

Murus gaulois. Voy. Cinais.

Musée celtique de saint Germain (chronique), 1862, 254.

Musées archéologiques. Voy. Angers.

N

Noëls angevins (Des), par Ch. RIBAULT DE LANGARDIÈRE, (chronique), 1861, 183.

Notre-Dame-de-Paris. — Boiseries du chœur (chronique), 1861, 190.

Notre-Dame-des-Ardilliers. Voy. Saumur.

Notre-Dame-des-Champs, par GODARD-FAULTRIER, 1861, 33.

Notre-Dame-de-Sous-Terre. Voy. Angers.

Nouvelles archéologiques (1), par GODARD-FAULTRIER : Découverte d'une sépulture franque à Chemellier, 1858-1859, 71, — Monnaies angevines ecclésiastiques, 72, — Pourpoint de

---

(1) Bien que les premiers numéros des *Nouvelles archéologiques* ne fassent pas partie du *Répertoire*, comme nous l'avons exposé dans la Préface, et qu'une table existe à la fin du volume paru en 1854 (V Préface, p 7, note 4), nous croyons devoir donner ici une table sommaire de ces *Nouvelles,* avec renvois à leurs numéros d'ordre, chacune d'elles ayant été publiée avec une pagination spéciale.

NOUVELLES ARCHÉOLOGIQUES. 1er volume : Antoine (statue et feu de saint), n° 45. — Archéologie (mélanges d'archéologie, par les auteurs de la monographie de la cathédrale de Bourges, n° 11. — Architecture (diverses observations sur ce qu'on doit faire en architecture), n° 13 ; — qu'en architecture il serait bien de revenir à l'emploi des attributs, n° 39. — Armoiries de vingt-trois évêques d'Angers, n° 19. — Avesnières (église), n° 34. — Avocats d'Angers, n° 6. — Bagneux, n° 2. — Bande noire, n° 33. — Barrême (atelier), n° 32. — Beaufort (Grand-Buzé et château), n° 21, (vallée, ville et château), n°s 48, 49. — Beauvau (Jamet de), n° 12. — Bodinier (tableau), n° 9. — Boileau (Etienne), n° 20. — Bouchemaine (église), n° 1. — Bourgonnière (christ et chapelle du château), n° 26. — Bouillé (croix processionnelle de l'hôpital), n° 2. — Boumois (notes du xvie siècle relatives au château), n° 9. — Carreaux mosaïques au château d'Oyron, n°s 38, 39. —

Charles de Blois, 75, — Fers à cheval à bords ondulés, 76, — Un écu creux, 77. — Inscription à Fontevrault, 78, — Inscription de la cloche de Candes, 81, — Inscription de la cloche de Saint-Nicolas de Saumur, 83, — Disque d'argent,

---

Cathédrale d'Angers, n°s 1, 5, 8, 23, 33. — Cathelineau (tombe), n° 26. — Catherine de Parthenay (lettre à Duplessis-Mornay), n° 4. — Cercueils en plomb, n°s 4, 12, 14, 42. — Chalonnes (église Saint-Maurille), n° 12. — Château d'Angers, n° 13. — Châteaugontier (manuscrits relatifs à quelques faits du xviie siècle qui se sont passés à), n° 10. — Châteliers de Frémur, n°s 3, 5, 11, 46, 47. — Chinon (chape de Saint-Mesme), n° 5. — Choyer (atelier de l'abbé), n° 33. — Cimetière gallo-romain d'Angers ; cimetières dans les villes, n° 14. — Coleterie (vitraux, chapelle et dolmen au château de la), n° 22. — Commissions archéologiques (Influences des), n° 36. — Comtes et ducs d'Anjou (monument iconographique), n° 17. — Conférences ecclésiastiques d'Anjou. n° 16. — Congrès de Rennes, n° 16. — Cuon (église), n° 21. — Dainville, n° 12. — David (lettre), n° 8. — Ducs d'Anjou, n°s 17, 23. — Duplessis-Mornay, n°s 3, 4. — Espine (Jean de l'), n° 26. — Evêché d'Angers (restaurations), n°s 18, 27, 28, 28 bis, 33. — Evêques d'Angers, n° 19. — Evrault (tour), n° 37. — Evron (église), n° 34. — Falloux (lettre au sujet des statues de Fontevrault), n° 14. — Fénelon (lettres), n° 16. — Fontevrault, n°s 4, 6, 14, 16, 38, 39. — Frain du Tremblay, n° 40. — Frémur, n°s 3, 5, 11, 46. — Gare d'Angers (découvertes), n°s 4, 42. — Gouffier, n° 39. — Gourbeillon (dom), n° 1. — Goury, n° 45. — Grand-Buzé (restes gallo-romains), n° 21. — Grésy (Eugène), n° 4. — Grille (cabinet, vente), n°s 22, 30. — Grotte à Margot, n° 34. — Haras royaux au xvie siècle (monogrammes et chiffres), n° 39. — Henri III (lettre), n° 21. — Henri IV (lettres), n°s 3, 21. — Hiret (copie des antiquités d'Anjou), n° 15. — Hollandais (leur commerce en Anjou et canalisation du Layon), n° 38. — Hôpital Saint-Jean, n°s 7, 10. — Jalesnes (château), n° 21 — Jublains (ruines gallo-romaines), n° 34. — Juigné-sur-Loire (église), n° 1. — Layon (canalisation), n° 38 — Lenepveu, n° 8. — Lenormand, n° 5. — Lieutaud (projet de colonisation en Algérie), n° 3. — Lion-d'Angers (église), n°s 5, 35. — Louroux (abbaye), n° 21. — Macadam (dangers du), n° 13. — Manuscrits de M. Foucher sur le Bas-Maine et le Bas-Anjou, et de M. Tristan-Martin sur les Mauges, n° 15. — Marie de Bretagne (tombeau), n° 23. — Marie de Médicis (lettre à Duplessis-Mornay), n° 4. — Marillais (église), n° 26. — Maur (Saint), n° 50. — Médailles sous Louis-Philippe, n° 5. — Mérimée, n° 5. — Michel (Jean), n° 21. — Mignard (portrait de Madame de Montespan), n° 39. — Monriou (château), n° 12. — Montespan (Mme de), n° 39. — Montguillon (dolmen), n° 13. — Montreuil-Bellay (château), n° 39. — Montsabert (dolmen), n° 13. — Monuments historiques de Maine-et-Loire, n° 41. — Morain (descente de croix), n° 10. — Mouliherne, n° 21. — Mouvement artistique et historique en Anjou, n° 37. — Murailles gallo-romaines, n°s 4, 7. — Musée d'antiquités d'Angers (dons), n°s 1, 2, 3, 6, 7, 11, 12, 15, 16, 17, 18, 19, 20, 21, 22, 24, 25, 30, 33, 34, 37, 38, 39, 43. — Musées de province, n° 37. — Muséum d'Angers, n° 24. — Notre-Dame-Sous-Terre, n° 36. — Nyoiseau, n° 34. — Orfèvres d'Anjou (poinçons),

129, — Offrandes de monnaies aux eaux de certains lacs, fontaines et rivières, 135, — Médaille du pape Innocent XI, 137, — Chaussures et croix d'absolution trouvées dans des tombeaux, 138, — La pile de Cinq-Mars, 141, — Le cœur de Henri II, comte d'Anjou et roi d'Angleterre, 143, — Abbaye d'Asnières, 195.

Numismatique. — Un écu creux. Voy. Nouvelles archéologiques. — Numismatique angevine (chronique), 1861, 180. - Découverte numismatique dans la forêt de Monnoie (chro-

---

n° 20. — Oyron, n° 39. — Pierre-Frite, n° 21. — Pierres du sol angevin favorables à la sculpture (classification), n° 33. — Pont-de-Varenne (château), n° 43. — Pontigné (dolmen), n° 21. — Ponts-de-Cé (Saint-Aubin), n° 4; (vieux ponts), n° 18. — Préfecture (arcades), n° 43; (porte romane), n° 44. — Prieulerie (tombeaux de la), n° 21. — Puy-Notre-Dame (église), n° 39. — Quélin (collection), n° 29. — Quiquère (trésor de), n° 3. — Rély (Jean de), n° 18. — Robin (Claude), n°s 26, 46, 47. — Roche-aux-Moines (château), n° 13 — Rochefort-sur-Loire (canon du XVIe siècle), n° 45. — Roi René (monument), n°s 1, 7, 8, 33. — Ronceray, n°s 7, 45. — Roye (manuscrit de F. de), n° 19. — Sablé (château), n° 34. — *Sacellum*, n° 30. — Saint-Suzanne (donjon, murs vitrifiés), n° 34. — Saint-Florent-le-Vieil (église et cimetière), n° 26. — Saint-Florent, près Saumur, n° 15. — Saint-Jean-des-Mauvrets (chapelle de Lorette), n° 1. — Saint-Joseph d'Angers, n°s 12, 31, 36. — Saint-Laud d'Angers, n°s 16, 36. — Saint-Martin d'Angers, n°s 2, 5, 8, 13. — Saint-Mathurin (tombeaux gallo-romains), n° 20 *bis*. — Saint-Offange (château), n° 13. - Saint-Saturnin (église), n° 1. — Saint-Serge, n° 1. — Saint-Symphorien (château), n° 13, — Savennières (église), n°s 12, 16. — Saulges, n° 34. — Seiches (médailles romaines), n° 25. — Sens (muraille gallo-romaine), n° 4. — Serené (Saint-), n° 34. — Société d'Agriculture, Sciences et Arts d'Angers, n° 30. — Solesmes, n° 34. — Sculpture, n°s 32, 33. — Sculpture assyrienne, n° 38. — Tableau des *Bœufs à l'abreuvoir*, n° 19. — Table nécrologique des personnages illustres enterrés à la cathédrale (projet de), n° 18. — Taluet, n° 2. — Thierry (vitrail par), n° 2. — Thouars (château), n° 39. — Toulmouche, n° 4. — Trinité d'Angers, n° 45. — Vagoritum, n° 34. — Verger (château du), n° 45. — Vierge du XIVe siècle, n° 2. — Voltaire (lettre), n° 30. — Voyage en Anjou d'un seigneur allemand au XVe siècle, n° 9. — Vraie-Croix de la Trinité, n° 45.

Ce volume contient en outre, intercalés dans les Nouvelles, divers articles de M. Godard-Faultrier, extraits des Mémoires de la Société d'Agriculture, science et arts, et de la Société industrielle.

NOUVELLES ARCHÉOLOGIQUES. 2e volume : Henri Arnaud, n° 1 ; Visite de la Société d'Agriculture Sciences et Arts d'Angers, et de la Commission archéologique dans les nouvelles salles du Musée des antiquités, le 11 mai 1855, n° 2 ; Mlle Charlotte-Louise-Jacquine Blouin, institutrice des sourds-muets, à Angers. Chapelle de la Forêt, n° 3. — Le n° 4 (note sur un tombeau découvert à Saint-Serge) a été publié dans la *Revue de l'Anjou*, 2e série, I (1857), 57 (chronique).

nique), 1863, 248. — Numismatique, par GODARD-FAULTRIER (chronique), 1863, 306. — Deniers de Charles Ier d'Anjou, par GODARD-FAULTRIER (chronique), 1864, 85. — *Triens* présumé inédit, par GODARD-FAULTRIER (chronique), 1864, 86. — Voy. Antiquités celtiques, mérovingiennes, carlovingiennes, féodales, Louroux-Béconnais.

O

Objets dits celtiques. — (Chronique), 1864, 335.

Ogeron de la Bouëre. (Chronique), 1864, 331. — *Id.* par MARGRY, 1865, 252.

Ordonnances. — Ordonnance du sieur de la Varenne, lieutenant-général au gouvernement d'Anjou, qui oblige les ecclésiastiques d'Angers à partager la garde de cette ville avec les autres habitants (1615), 1862, 113. — Ordonnance de Charles VII réglant la levée des deniers de guerre dans l'Anjou et le Maine, fixant la force des garnisons à entretenir dans les places fortes et contenant des mesures pour la repression des vexations commises contre les paysans (document extrait de la Société de l'Industrie de la Mayenne), 1869, 159.

Orgues. Voy. Angers (cathédrale).

Orignai. — François d'Orignai *aliàs* d'Orignac, abbé de Saint-Serge, par GODARD-FAULTRIER (chronique), 1867, 124.

Œuvres de miséricorde. — Bas-relief en bois doré du XVe siècle, représentant la récompense promise aux œuvres de miséricorde (à la Trinité d'Angers), par l'abbé TARDIF, 1858-1859, 118.

Oyron. — Épitaphes des seigneurs de Maulévrier à Oyron, par BARBIER DE MONTAULT, 1861, 58.

P

Pavillon. — Balthazar Pavillon, écrivain saumurois, par Louis RAIMBAULT (chronique), 1861, 92.

Peulvan. Voy. Villedieu.

Pin-en-Mauges. Voy. Etudes ecclésiologiques.

Plantagenets. Voy. Antiquités féodales.

Plaque-agrafe de baudrier. — (Chronique), 1865, 116.

Plat curieux : Portrait de Claude Robin, par GODARD-FAULTRIER (chronique), 1865, 206.

Plessis-Grammoire (Commune du), par Godard-Faultrier 1861, 321.

Poidevin. — M. Poidevin, peintre en décors (chronique), 1860, 127.

Pommeraye (La). — Pose de la première pierre de la chapelle des Sœurs de la Providence, par Barbier de Montault (chronique), 1861, 64.

Pompéi. — (Chronique), 1865, 207.

Ponts-de-Cé. — Les ponts (chronique), 1865, 88. — Voy. Baillée des filles.

Portraits historiques relatifs à l'Anjou, par Barbier de Montault (chronique), 1861, 181.

Pourpoint de Charles de Blois. Voy. Blois.

Pressigny-le-Grand (Découverte de). (Chronique), 1864, 291.

Puits-Anceau. Voy. Monnaies.

Puy-Notre-Dame. — Caves des Saraudières (chronique), 1863, 35. — Puy-Notre-Dame, 1865, 115. — Voy. Joly-Leterme.

R

Rabelais en Anjou, par P. Belleuvre, 1862, 145.

Rablay. — Inscription dans l'église de Rablay, 1861, 186.

Reculée. Voy. Angers (Château).

Reliquaire en plomb de la chapelle Saint-Jacques des Renfermés, par Godard-Faultrier (chronique), 1865, 262.

Reliques. Voy. Angers (Diocèse d').

Rély. — Jean Baudouin de Resly ou Rély, par Godard-Faultrier, 1861, 97.

René (Saint). — Vitrail de de saint René, à Puteaux (Seine) (chronique), 1861, 252.

René d'Anjou. — Un tableau attribué au roi René, par Godard-Faultrier (chronique), 1864, 327. — Plat du roi René, par Godard-Faultrier (chronique), 1864, 330. — Sépulture du roi René, par Godard-Faultrier, 1866, 276. — Voy. Angers (cathédrale, château, statues), Baugé, Chanzé, Dessins inédits.

René II. — Note sur le lieu de naissance de René II, par Louis Lallement, 1861, 330.

Renou. — Notes biographiques sur le docteur Renou, par E. Renault, 1862, 405.

Restigné. Voy. Etudes ecclésiologiques.

Révolution. — Documents inédits sur la Révolution. Translation de quatorze détenus de Laval à Doué. Détail historique du voyage des prêtres du département de la Mayenne, depuis Laval à Rambouillet, 22 octobre 1793, par ***, publié par GODARD-FAULTRIER, 1868, 18. — Documents inédits sur la Révolution. Relation des dangers et événements qu'a vus et éprouvés un ecclésiastique dans la République de 1793 (manuscrit de M. Lemercier de la Rivière, ancien chanoine de Candes), publié par GODARD-FAULTRIER, 1868, 367. — Voy. Emigration.

Revue de la Normandie : Notes d'archéologie, par GODARD-FAULTRIER, 1862, 93.

Revue du Ministère de l'Instruction publique pour 1867. Extrait relatif aux travaux de M. Godard-Faultrier, par P. L. (chronique), 1867, 255.

Richelieu (Château de). Voy. Bouzillé.

Rieux. Voy. Ancenis.

Rigné. Voy. Echemiré.

Rive (La). Voy. Chanzé.

Robin. Voy. Plat curieux.

Robin du Faux. Voy. Villevêque.

Roë (La). Voy. Angers (monuments).

Rohan. Voy. Verger.

Ronceray. — Formule de vœux à l'abbaye du Ronceray, en 1765 (chronique), 1861, 184. — Tombeau d'une abbesse du Ronceray, par GODARD-FAULTRIER (chronique), 1861, 187. — Voy. Angers.

Ronsart. — La famille de Ronsart, par GODARD-FAULTRIER, 1869, 176.

Rose d'or. — La rose d'or, à Angers (chronique), 1861, 316.

Rou-Marson. Voy. Marson.

Russé. — Pèlerinage à Notre-Dame-de-Guérison, à Russé, par BARBIER DE MONTAULT, 1860, 247. — Pèlerinage de Russé (chronique), 1860, 343.

S

Saint-Aubin-de-Luigné. Voy. Etudes ecclésiologiques.

Saint-Augustin. — Une église oubliée : Saint-Augustin, près Angers, par GODARD-FAULTRIER, 1866, 356.

Saint-Avertin. Voy. Luigné.

Sainte-Gemmes. — Restauration de l'église de Sainte-Gemmes-sur-Loire (chronique), 1862, 283. — Reconstruction et bénédiction de l'église de Sainte-Gemmes-sur-Loire, par Godard-Faultrier, 1862, 419.

Saint-Florent-lès-Saumur. — Bréviaire manuscrit de l'abbaye de Saint-Florent-lès-Saumur, par Barbier de Montault, 1861, 146. — Abbaye de Saint-Florent, près de Saumur (chronique), 1865, 103. — Saint-Florent près Saumur, *erratum*, 1865, 162.

Saint-Fort. — Renseignements sur Saint-Fort, par le chanoine Clirot de Loville (chronique), 1865, 213.

Saint-Georges-des-Sept-Voies. Voy. Eglises.

Saint-Georges-du-Bois (Commune de), par Godard-Faultrier, 1860, 210.

Saint-Georges-sur-Loire (Notice historique sur l'abbaye de), par l'abbé Chevalier, 1858-1858, 19.

Saint-Germain-près-Montfaucon. — Hache celtique trouvée à Saint-Germain-près-Montfaucon, par Paul Loyer (chronique), 1862, 126.

Saint-Jean-des-Mauvrets. — Découverte archéologique : Cercueils en plomb du xvie siècle à Saint-Jean-des-Mauvrets, par Godard-Faultrier, 1864, 293.

Saint-Maimbeuf. Voy. Angers.

Saint-Mathurin (Commune de), par Godard-Faultrier, 1862, 40.

Saint-Maur-sur-Loire. — Dessin de Saint-Maur-sur-Loire, par Godard-Faultrier (chronique), 1861, 317. — Saint-Maur-sur-Loire (chronique), 1862, 418. — Barrage de Saint-Maur (chronique), 1865, 104. — Voy. Eglises.

Saint-Nazaire (Dolmen de), par B. Sommier (chronique), 1866, 368.

Saint-Nicolas. Voy. Angers.

Saint-Pierre-en-Vaux. Voy. Eglises.

Saint-Rémy-la-Varenne (Commune de), par Godard-Faultrier, 1860, 273. — Chapelle Saint-Jean (chronique), 1862, 305. — Clocher de Saint-Rémy-la-Varenne (chronique), 1862, 305.

Saulgé-l'Hôpital (Chapelle de). (Chronique), 1862, 309.

Saumur. — Les *armes* de Saumur, par Paul Ratouis, 1867, 20. — Les *échevins* ou anciens administrateurs de la Ville de Saumur, par Louis Raimbault, 1862, 81. — Lanterne funéraire de l'ancien *cimetière* Saint-Nicolas de Saumur, par

Henri BLOUDEAU, 1861, 85. — Notice historique sur la fondation de l'*Hôtel-Dieu* de Saumur, par Paul RATOUIS (chronique), 1866, 137. — La *maison du roi* à Saumur, par J. B., 1863, 296. — La maison du roi a Saumur (chronique), 1865, 106. — Chapelle royale de *Notre-Dame-des-Ardilliers*, par BARBIER DE MONTAULT, 1861, 338. — Vitraux de *Saint-Jean* de Saumur (chronique), 1861, 252. — Inscription de la cloche de *Saint-Nicolas* de Saumur, par GODARD-FAULTRIER (nouvelles archéologiques), 1858-1859, 83. — *Saint-Pierre*. Voy. Angers (Saint-Martin). — Voy. Congrès archéologique, Joly-Leterme.

Saumur (Arrondissement de). Voy. Monuments antiques, Monuments gaulois.

Sceaux et cachets. — (Chronique), 1861, 91. — Voy. Angers (Faculté de médecine).

Sculpture et peinture. Voy. Coup d'œil.

Segora. Voy. Médailles.

Ségourie (La). — Médaille gauloise récemment découverte à la Segourie, par Tristan MARTIN (chronique), 1865, 209.

Segré (Arrondissement de). Voy. Monuments antiques, Monuments gaulois.

Sépultures. — Sépultures dites *ponnes*, par GODARD-FAULTRIER (chronique), 1861, 28. — Sepultures ovoïdes dites *ponnes* (chronique), 1861, 94.

Serené (Saint). Voy. Angers (cathédrale).

Signes lapidaires, par GODARD-FAULTRIER, 1860, 271.

Société d'Agriculture, Sciences et Arts. — Rapport sur les Mémoires présentes au concours de 1858, par Albert LEMARCHAND, 1858-1859, 145. — Compte rendu de la seance publique du 21 fevrier 1859, par Albert LEMARCHAND, 1858-1859, 210. — Séance solennelle de la Société d'Agriculture, Sciences et Arts (extrait du *Journal de Maine-et-Loire*), par A. BIÉCHY (chronique), 1866, 364. — Séance du 26 juin 1867, par A. BIÉCHY (chronique), 1867, 197. — Réunion générale des sociétés savantes à la Sorbonne (séance du 27 avril 1867), 1867, 121. — Réunion générale des sociétés savantes à la Sorbonne (séance du 18 avril 1868) : Société d'Agriculture, Sciences et Arts d'Angers (chronique), 1868, 154.

Société des architectes d'Angers. — (Chronique), 1865, 213.

Sociétés savantes d'Angers. — Leur collaboration aux recherches sur la topographie des Gaules (chronique), 1860, 301.

Sœurs de la Providence. Voy. Pommeraye.

Sœurs de Saint-Charles, à Angers (Ostensoir des), (chronique), 1860, 343.

Soréth (Jean), par R. D. (chronique), 1867, 136.

Sorin (J.). — Lettre à M. Grégoire Bordillon, 1863, 37.

Soulaire. — Inscription de l'église de Soulaire (chronique), 1860, 367.

Soulanger. Voy. Églises souterraines.

Souterrains. Voy. Églises souterraines.

Statuette de l'époque romaine (chronique), 1861, 88.

T

Taillepied (Noël), par Godard-Faultrier (chronique), 1864, 325. — Noël Taillepied, par l'abbé Cochet, 1865, 39

Tapisseries. Voyers Angers (cathédrale).

Thiéphaine. — Tombeau de la nourrice Thiéphaine, par Godard-Faultrier, 1866, 336. — Voy. Dessins inédits.

Thierry. — M. Charles Thierry, peintre-verrier, (chronique), 1860, 126. — M. Charles Thierry, par Godard-Faultrier, 1860, 193.

Thouarcé. — Thouarcé en 1588, par Godard-Faultrier, 1868, 354. — Fondation du prieuré de Thouarcé, par Louis Raimbault, 1868, 426. — Voy. Voies de communication.

Tiercé (Commune de), par R. D. 1862, 46. — Saint Marcel, patron de l'église de Tiercé, par l'abbé Baugé, curé de Candé (chronique), 1862, 127.

Tigné (Commune de). — Construction d'une nouvelle église : Procès-verbal de la bénédiction de la première pierre, par ***, 1860, 226. — Bénédiction de l'église de Tigné, par Godard-Faultrier, 1863, 145.

Toiles peintes. Voy. Industrie.

Topographie. — Topographie de Maine-et-Loire, au Cabinet des Estampes de la Bibliothèque impériale, par Barbier de Montault, 1860, 403. — Une topographie latine d'Angers en 1657, par Paul Ratouis (chronique), 1866, 365. — Topographie des Gaules. Voy. Sociétés savantes d'Angers.

Toureil (Le). Voy. Églises.

Toussaint. Voy. Angers (Musées).

Trélazé. — Voie romaine à Trélazé (chronique), 1865, 104. — Voy. Etudes ecclésiologiques.

Trinité d'Angers. Voy. Œuvres de miséricorde.

U

Ulger, évêque d'Angers, par *** (d'après l'*Histoire littéraire de la France*), 1867, 5.

Ulmes (Commune des), par GODARD-FAULTRIER, 1861, 65.

Université d'Angers. Voy. Jansénisme.

V

Vase en plomb trouvé dans les ruines de Carthage, par GODARD-FAULTRIER, 1867, 169.

Vaugirault (Jean de). — Autographe et sceau de J. de Vaugirault, évêque d'Angers (chronique), 1868, 407. — Ordonnance épiscopale et petit sceau de J. de Vaugirault (chronique), 1868, 408.

Verger (Château du). — Le mobilier des Rohan au château du Verger, par J. DENAIS, 1869, 147. — Voy. Angers (cathédrale).

Vernantes. — Découverte de traces antiques (chronique), 1862, 283.

Vieil-Baugé. — Cercueil en pierre, Christ en cuivre, trouvés au Vieil-Baugé, par GAUDAIS (chronique), 1865, 161. — Voy. Baugé (arrondissement).

Villedieu (Peulvan de), par GODARD-FAULTRIER, 1861, 289.

Villequier. Voy. Magnelais.

Villevêque (Commune de). — Paschal Robin du Faux, par GODARD-FAULTRIER, 1861, 8.

Voies. — Voie romaine, arrondissement de Cholet (chronique), 1866, 31. — Voy. Trélazé. — Histoire des voies de communication et itinéraire de nos rois dans le canton de Thouarcé, par Louis RAIMBAULT, 1869, 272.

Y

Yves (Saint). — Canonisation (chronique), 1860, 200.

III

TABLE DES DOCUMENTS [1]

Époque romaine. — Inscriptions trouvées à Angers, près de la la cathédrale, 1858-1859, 154. — Inscription de l'obélisque de la place du Peuple, à Rome, 1860, 20. — Inscription d'un autel romain trouvé dans le mur de l'enceinte gallo-romaine à Angers, 1860, 262. — Epitaphe romaine trouvée à Angers, près de la porte de la Vieille-Chartre, 1860, 263. — Inscriptions romaines trouvées à Angers, 1862, 66 à 75. — Inscription romaine trouvée à Angers, place Saint-Maurice, 1862, 135. — Inscription d'un cippe funéraire trouvé aux Châteliers de Frémur, 1862, 323. — Inscriptions gallo-romaines concernant l'Anjou, trouvées près de Nevers et de Rancon, 1861, 329.

VIe siècle. — Extrait de la Vie de saint Maurille, par Fortunat, concernant Chalonnes, 1862, 400.

835. — Epitaphe de l'abbé Ato, 1867, 371.

866, 16 janvier. — Diplôme de Charles le Chauve, autorisant les religieux de Saint-Florent à déposer le corps de leur patron dans la chapelle de Saint-Gondon, au pays de Bourges, 1864, 143.

IXe siècle. — Inscription du *flabellum* de Cunauld, 1869, 142.

Entre 1037 et 1047. — Notice de la donation faite par Hubert de Vendôme, évêque d'Angers, aux moines de Marmoutiers, de deux parcelles de terre sises à Chalonnes, 1860, 297.

---

(1) Comprenant les documents publiés dans les *Nouvelles archéologiques* antérieures au Répertoire.

Entre 1037 et 1064. — Notice des dons faits par le prêtre Hardouin aux moines de Marmoutiers, de divers biens sur l'église de Saint-Quentin-en-Mauges (fragment), 1860, 299.

Entre 1047 et 1060. — Notice de la donation faite par Eusèbe Brunon, évêque d'Angers, aux moines de Marmoutiers, d'une terre située près le château de Chalonnes, et d'une vigne, 1860, 324.

Vers 1055. — Notice de la donation faite par Hubert, évêque d'Angers, aux moines de Marmoutiers, d'un oratoire dédié à saint Vincent, à Chalonnes, et des difficultés survenues à cette occasion avec les moines de Saint-Serge, 1860, 325.

1055-1056. — Accord fait par l'évêque Eusèbe Brunon entre les monastères de Marmoutiers et de Saint-Serge au sujet de leurs possessions à Chalonnes, 1860, 328.

1063-1131. — Analyse de divers actes concernant les possessions de l'abbaye de Marmoutiers à Chalonnes, 1860, 329, 332.

Entre 1084 et 1099. — Notice d'un différend au sujet du grenier à sel de Chalonnes, entre les moines de Marmoutiers et les héritiers de Bodin, et du règlement survenu à ce sujet, 1860, 330.

1096. — Donation de l'île de Chalonnes à l'église d'Angers, par Foulques le Réchin (fragment d'une copie de 1742), 1860, 177.

1096. — Donation faite par Foulques le Jeune, comte d'Anjou, à l'abbaye de Saint-Nicolas, d'une partie de la forêt des Echats, 1862, 56.

XIe siècle. — Fragments de divers documents portant donations à l'église Saint-Maurille de Chalonnes, 1860, 122, 123.

1120. — Notice extraite du Cartulaire de Saint-Maurice concernant l'affectation de l'île de Chalonnes, par Rainaud, évêque d'Angers, à Saint-Hervé, 1860, 238.

Entre 1124 et 1131. — Notice de l'accord survenu entre Geoffroy Bomar et les religieux de Marmoutiers, au sujet des dîmes de Chalonnes (fragment), 1860, 334.

1136. — Fragment du plaidoyer d'Ulger, évêque d'Angers, en cour de Rome, dans le procès entre les abbayes de Vendôme et de la Roë, touchant l'église de Saint-Nicolas de Craon (traduction), 1867, 11.

1153 ou 1154. — Bulle du pape Anastase IV, accordant aux religieux de Saint-Florent l'autorisation nécessaire pour consacrer l'église abbatiale et procéder à la translation du corps de saint Florent, 1864, 196.

Entre 1154 et 1159. — Extrait d'une bulle du pape

Adrien IV, concernant la reconstruction en pierre de l'église du Mont-Glonne, 1864, 205.

1159. — Bulle d'indulgence accordée par le pape Adrien IV, à l'occasion de la translation des reliques de saint Florent, 1864, 190.

1159. — Charte de *pardon*, accordée par Jocius, archevêque de Tours et les évêques d'Angers, de Rennes, du Mans, de Poitiers et de Nantes, à l'occasion de la translation des reliques de saint Florent, 1864, 191.

Vers 1160. — Notice de la restitution faite par Barthélemy de Brézé à Zacharie, abbé du Loroux, de dîmes qu'il lui avait enlevées par force, 1863, 237.

1171 (n. s.), 10 février. — Consentement donné par Geoffroy, évêque d'Angers, à la fondation d'une chapelle a Marson, par Geoffroy de la Grézille (traduction), 1866, 63.

Entre 1181 et 1183. — Donation par Henri, roi d'Angleterre, comte d'Anjou, à l'Hôtel-Dieu d'Angers, du bois de Déserte, à Chalonnes, 1860, 244.

XIIe siècle. — Authentique des reliques de saint Méen, 1864, 186.

XIIe siècle. — Épitaphe d'Ulger, évêque d'Angers, 1867, 10.

XIIe siècle. — Inscription de Saint-Macé de Trèves, *Nouvelles archéologiques*, 1er vol., n° 41.

XIIe siècle. — Inscription provenant de Trèves, *Nouvelles archéologiques*, 1er vol., n° 41.

XIIe siècle. — Inscription à la préfecture de Maine-et-Loire, *Nouvelles archéologiques*, 1er vol., n° 44.

XIIIe siècle (Commencement du). — Épitaphe de Fr. Jean de Montsoreau à l'abbaye d'Asnières, 1858-1859, 203.

1216. — Vente, par les moines de Saint-Serge d'Angers, de tout ce qu'ils possédaient dans le bourg de Saint-Aubin-de-Luigné (fragment), 1860, 13.

1228, juin. — Accord entre Adam, abbé de Toussaint, chantre de Saint-Maurice, et le prieur de Trélazé, au sujet des dîmes que les chantres de la cathédrale avaient coutume de percevoir sur une partie de la paroisse de Trélazé, 1861, 123.

1240, 21 mai. — Confirmation, par Guillaume II de Beaumont, de la donation faite à l'église de Trélazé, par Jean Chamaillard, seigneur de Montobert, de onze sous de cens et de tous ses droits sur le cours de l'Authion (d'après un *vidimus* de 1337), 1861, 125.

1267. — Inscription commémorative de la consécration de

l'église de Notre-Dame de Cheffes, par Geoffroy III la Mouche, évêque d'Angers, 1858-1859, 315.

1285 (jeudi, veille de Saint-Maurille). — Extrait d'une ordonnance de Nicolas Gellant, évêque d'Angers, portant accord entre le curé de Restigné et ses paroissiens au sujet des sépultures, 1861, 269.

1285-1289. — Extraits des comptes de Nicolas Gellant, évêque d'Angers, concernant Chalonnes, 1860, 176, 185.

1290. — Épitaphe de Herbert Lanier et de Ales, sa femme, dans la chapelle de la Papillaye, 1860, 309.

XIIIe siècle. — Extrait de la chronique de l'abbé Michel, concernant la translation du corps de saint Florent en 1259, 1864, 190.

1302, 23 avril. — Donation et partage, par Geoffroy de Brézé, de tous ses biens, entre Catherine de Brézé, femme de Macé de l'Etang, Jean de Brézé, Marguerite et Agnès de Brézé, 1863, 238.

1340. — Épitaphe de Pierre de Broërec, 1861, 168.

1363. — Bail à rente, par Simon Chamaillart, à Geoffroy de Brézé, de tout ce qu'il avait à Grandfond (fragment), 1863, 238.

1391-1595. — Extraits de divers inventaires des meubles et ornements de la cathédrale d'Angers, 1868, 69 à 79.

1396 ou 1397, 4 janvier. — Quittance de 12 livres, payées pour le don gratuit par le chapitre de Saint-Maimbeuf d'Angers (extraits), 1861, 298.

1396-1699. — Analyses et extraits de pièces concernant Saint-Maimbeuf d'Angers, 1861, 298 à 308.

XIVe siècle. — Légende rimée de sainte Marguerite, 1861, 48.

XIVe siècle. — Note du nécrologe de Fontevrault concernant Robert d'Arbrissel, 1863, 349.

XIVe siècle, XVe siècle. — Inscriptions de la chapelle de Saint-Maur, 1860, 164, 165, 166.

1415, 17 août. — Bail à rente perpétuelle, par les religieux du Loroux, du châtel de Grohan, sis « en Hannelou », près Angers (copie), 1862, 27.

1422 (n. s.), **18 mars.** — Extrait d'un inventaire de la cathédrale d'Angers concernant la châsse de saint Serené, 1865, 268.

1422, 31 août. — Mandement de Charles, régent du royaume, constatant que le seigneur de la Rivière-Marteau a droit de guet et garde au château dudit lieu, 1863, 243.

1425 — Extrait d'une déclaration des religieux du Loroux concernant le « château de Grohan », à Angers, 1862, 28.

1428, 16 novembre. — Don d'un reliquaire à la cathédrale d'Angers, par l'évêque Hardouin de Bueil, 1865, 286.

1440, 26 juillet. — Mention de quatre lettres des évêques d'Angers, concernant Saint-Maimbeuf, en 1236, 1238, 1243 et 1250; 1861, 300.

1440 ou 1441, 25 février. — Commission donnée par Jean-Michel, évêque d'Angers, à Jean Bohalle, pour connaître du procès entre Guillaume Coindet et Laurent Bernard, candidat à un canonicat dans l'église de Saint-Maimbeuf (analyse et extraits), 1861, 299.

1442. — Épitaphe de Robert Le Maçon, baron de Trèves, *Nouvelles archéologiques*, 1er vol., n° 41.

1444 (n. s.), 26 janvier. — Ordonnance du roi Charles VII réglant la levée des deniers de guerre dans l'Anjou et le Maine, fixant la force des garnisons à entretenir dans les places fortes et contenant des mesures pour la répression des vexations commises contre les paysans, 1869, 159.

1448-1463. — Extraits de marchés passés entre le chapitre d'Angers et André Robin, vitrier, pour la réfection des vitraux de la cathédrale, 1865, 220, 221.

1450. — Épitaphe de Béatrix, dame de Boumois, 1858-1859 117.

1451 (n. s.), 3 février. — Mandat de paiement pour la réparation du vase de Cana, à la cathédrale d'Angers, 1865, 146.

1451, 20 juillet. — Marché passé par le chapitre d'Angers avec Robin André, vitrier, pour la réfection des vitraux de la cathédrale, 1865, 218.

1451, 4 septembre. — Marché passé entre le chapitre d'Angers et Guillaume Robin, maçon, pour la construction des petits autels de la cathédrale, 1865, 223.

1452 (n. s.), 27 mars et 18 novembre. — Marchés passés entre le Chapitre d'Angers et Guillaume Robin, maçon, pour le grattage des voûtes de la cathédrale, et la restauration de la nef et des autels, 1865, 226.

1452. — Reçu donné par Robin André, vitrier, au trésorier de la fabrique d'Angers, pour le prix de la réparation des vitraux de la cathédrale, 1865, 219.

1453, 8 août. — Bulle du pape Nicolas V, adressée au cardinal d'Estouville, 1858-1859, 263.

1453, 12 décembre. — Acquit du pavage de la Chapelle des Evêques à la cathédrale d'Angers, 1865, 233.

1454, 23 mars. — Acquit du pavage de la Chapelle des Chevaliers à la cathédrale d'Angers, 1865, 233.

1454. — Extrait d'un compte de fabrique de la cathédrale d'Angers, concernant la recette du tronc placé au tombeau de l'évêque Jean Michel, 1860, 395.

1458 (n. s.), 20 et 21 mars. — Note des travaux faits pour le Chapitre d'Angers, par Adenet Lescuier, enlumineur, et reçu, 1866, 34.

1458, 15 mai. — Acquit de Gervaise Godelin, enlumineur, pour travaux faits pour le Chapitre d'Angers, 1866, 37.

1458. — Épitaphe de Thiéphaine, nourrice du roi René, 1866, 336.

1462, 18 novembre. — Devis de reconstruction du clocher de plomb du transept de la cathédrale d'Angers, 1865, 229.

1463 (n. s.), 4 mars. — Donation d'ornements faite à la cathédrale d'Angers par René d'Anjou, 1866 29.

1463. — Inscription d'une cloche de Blou, 1862, 312.

1467-1533. — Extraits d'inventaires et quittances, concernant la chapelle du bienheureux Jean-Michel, à la cathédrale d'Angers, 1860, 397.

1470. — Épitaphe d'Antoinette de Magnelais, dame de Villequier, 1866, 93.

1471, 10 octobre. — Inventaire des biens meubles du roi René, à la Ménitré, par Guillaume Rayneau, 1866, 230.

1471, 13 octobre. — Inventaire des biens meubles du roi René, à Chanzé, par Guillaume Rayneau, 1866, 181.

Vers 1471, 30 octobre. — Lettre de Louis XI au Chapitre de Saint-Laud, *Nouvelles archéologiques*. 1er vol., n° 36.

1471, 13 décembre. — Extrait des conclusions du Chapitre d'Angers concernant l'envoi à Tours du prêtre Robert Aubri, pour s'entendre avec l'orfèvre Alemanus, au sujet de la restauration d'une statuette de saint Maurille, 1866, 45.

1471, 18 décembre. — Inventaire des biens meubles du roi René, au château d'Angers, par Guillaume Rayneau, 1866, 189.

1472. — Extrait d'un censier de l'abbaye du Loroux concernant le « château de Grohan », à Angers, 1862, 28.

1472. — Épitaphe de Charles Ier d'Anjou dans la cathédrale du Mans, *Nouvelles archéologiques*, 1er vol, n° 17.

1472-1473. — Marchés passés entre le Chapitre d'Angers et les orfèvres Pierre Bordier, Jean Ogier et Robin Buscheron, pour la réfection de la châsse de saint Maurille, 1866, 40, 41, 44, 45.

1475, 8 juillet. — Inventaire des comptes et papiers du roi René, par René de Maillé, 1866, 187.

1476, 5 décembre, Saint-Canat. — Reconnaissance, par René d'Anjou, au Chapitre d'Angers, de la remise de la Vraie-Croix qu'il lui avait confiée plusieurs années auparavant, 1866, 82.

1478, 26 mars. — Inventaire des biens meubles du roi René, au manoir de Reculée, par Jean Muret et Jean Lepeletier, 1866, 241.

1479, 15 décembre. — Serment prêté sur la Vraie-Croix de Saint-Laud par Antoine de Mortillon, sur les injonctions de Louis XI, *Nouvelles archéologiques*, 1er vol., n° 36.

1480. — Inscription de la cloche de la chapelle de Souzigné, à Martigné-Briand, 1862, 312.

1481, octobre. — Louis XI confirme l'établissement de la Chambre des comptes d'Anjou (fragment), 1866, 84.

1481, 19 décembre. — Serment prêté sur la Vraie-Croix de Saint-Laud par quatre marchands de Tours, d'après les injonctions de Louis XI, *Nouvelles archéologiques*, 1er vol., n° 36.

1484. — Épitaphe d'Anne d'Aussigné, veuve de Huet de la Chenaye, à Linières-Bouton, 1860, 266 ; 1862, 5.

1486, 16 septembre. — Inventaire des bijoux déposés par Jeanne de Laval entre les mains du Chapitre d'Angers, 1866, 85.

1486. — Épitaphe de Huet de la Chenaye dans l'église de Linières-Bouton, 1862, 4.

1487, 30 juillet. — Remise, par le Chapitre d'Angers, à Jeanne de Laval, des bijoux que celle-ci lui avait confiés, 1866, 89.

1499. — Épitaphe de Marquyn Chesneau, dans l'église d'Écouflant, 1861, 95.

1499. — Épitaphe de Jean de Rély, évêque d'Angers, 1861, 111.

1499. — Épitaphe de Renée Sarrazin, abbesse du Ronceray. 1861, 188.

1500. — Épitaphe latine de Pierre Roussier, prêtre angevin, 1861, 90.

XVe siècle. — Inscription de la chapelle de Saint-Hervé, à Chalonnes, 1860, 244.

XV⁰ siècle. — Inscription découverte à la Trinité d'Angers, concernant une fondation faite par Jehan Joubert, garde de la Monnaie d'Angers, et Jehanne de Vitry, sa femme, 1867, 363.

XV⁰ siècle. — Inscription d'une cheminée, à la Grande-Lande, commune de Trélazé, 1861, 90.

XV⁰ siècle. — Épitaphe de Catherine Tronchay, veuve de René de la Fontaine, provenant de l'église Saint-Maurice et transportée à l'église Toussaint, 1860, 260.

XV⁰ siècle. — Extrait d'un inventaire de Sainte-Marie-Majeure, 1858-1859, 270.

XV⁰ ou XVI⁰ siècle. — Inscription d'une verrière de la chapelle de Boumois, 1858-1859, 98.

1506, 22 septembre. — Démission de Mathieu Cartier, sous-chantre de Saint-Maimbeuf, en faveur de messire Jean Fortin, chapelain de Chênehutte (extraits), 1861, 301.

1507, 15 août — Procès-verbal de l'opposition faite par les chanoines de Saint-Maimbeuf à l'installation de messire Jean Fortin (extraits), 1861, 302.

1509. — Inscription d'une tapisserie provenant de Notre-Dame du Mans, et représentant le martyre de saint Gervais et de saint Protais, 1860, 131.

1511 (n. s.), 18 mars. — Quittance donnée par Anse Mangolt, orfèvre de Tours, au Chapitre d'Angers, pour la façon d'une image d'argent de saint Maurice, 1866, 47.

1518. — Marchés passés entre le chapitre d'Angers et différents ouvriers, tels que André Cousin, charpentier, Pierre Guillot, marchand de pierres, pour les réparations de la cathédrale, 1865, 236, 237.

1520. — Inscription de la chapelle Saint-Martin de la Marsaulaye, 1862, 43.

1522. — Extrait d'un registre concernant le « château de Grohan », à Angers, 1862, 29.

1524-1775. — Analyses de différentes fondations faites en faveur de l'église Saint-Maurille de Chalonnes, 1860, 134.

1525, 20 juin. — Procès-verbal de réparations à faire sur la cathédrale d'Angers, 1865, 246.

1526. — Épitaphe de Jehan Fouchier, sieur de Préaulx, dans l'église d'Écouflant, 1861, 96.

1527. — Analyse d'un acte indiquant les droits que les religieux de l'hôpital Saint-Jean pouvaient percevoir en la paroisse de Trélazé, 1861, 126.

1527. — Inventaire des ornements de la chapelle de Béhuard, 1866, 344.

1529. — Analyse de l'acte de fondation de la chapellenie de Saint-Lezin, à Trélazé, par Guillemine Perchier, 1861, 122.

1533, 8 décembre, Lyon. — Lettre du roi François Ier au pape Clément VII, au sujet de la restauration de la cathédrale d'Angers, détruite en partie par un incendie, le priant d'accorder des indulgences à ceux qui feront des aumônes pour ladite réparation, 1865, 44.

1533, 28 décembre. — Procès-verbal et devis des réparations à faire à la cathédrale d'Angers, détruite en partie par un incendie, 1865, 70, 71, 72, 73.

1534, 12 juin. — Extraits du marché conclu, par le Chapitre d'Angers, avec l'architecte Jean de l'Espine, pour les réparations de la cathédrale, 1865, 74-77.

1535-1562. — Extraits de divers comptes de réparations à la cathédrale d'Angers, 1865, 76-83.

1536-1538. — Fragments des pièces de procédure et arrêts du procès entamé en Parlement entre l'évêque d'Angers d'une part, le Chapitre d'autre part, et les corbeliers et chapelains d'autre part, au sujets des fonds affectés à la réparation de la cathédrale d'Angers, 1865, 52 à 65.

1540. — Inscription découverte à la Trinité d'Angers, 1867, 86

1541, 22 juin, Châtellerault. — Lettres du roi François Ier a divers évêques et officiers royaux, les autorisant à laisser quêter pour la réparation de la cathédrale d'Angers, 1865, 47.

1545, 24 avril. — Arrêt du Parlement condamnant le chancelier Guillaume Poyet à diverses peines, 1860, 285.

1545. — Inscription d'une maison de Saint-Mathurin, 1862, 44.

1548. — Inscription provenant de l'église de Saint-Mathurin, 1862, 41.

1548 et 1598. — Inscriptions trouvées dans l'église de Saint-Mathurin, 1860, 261.

Après 1548. — Épitaphe du chancelier Guillaume Poyet, 1860, 287.

1562. — Information secrète, faite à Saumur, sur le pillage de l'abbaye de Saint-Florent par les huguenots, 1864, 165.

1563. — Inscription tombale de Guillaume Lesrat, président au Présidial d'Angers, 1860, 267.

1563. — Épitaphe de Guillaume Lesrat, 1862. 14.

1565, 1er octobre. — Extrait d'un inventaire de la collégiale d'Ecouis (Eure), concernant la découverte d'une crosse, 1864, 24.

1566. — Épitaphe de Jacques de Mandon, chanoine d'Angers, 1865, 279.

1573. — Épitaphe de François Baudoin, 1862, 38.

1573. — Épitaphe de dame Ambroise de Maillé, épouse de Jacques de Periers, sieur du Bouchet, dans l'église de Saint-Georges-du-Bois, 1860, 213.

1574, 1er septembre. — Acte de baptême de l'historien Claude Ménard, 1860, 126.

1574. — Inscription d'une cloche de Notre-Dame d'Allençon, 1862, 312.

1575, 8 mars. — Fragment d'un aveu rendu à Henri III, roi de France, par Marie du Bouchet, veuve d'Antoine de Thory, pour le fief de Boumois, 1858-1859, 99, 101.

1575. — Extrait de la *Cosmographie universelle*, de Belleforest, concernant le premier plan d'Angers, 1860, 348.

1577. — Titre concernant l'aliénation de partie du temporel du diocèse d'Angers a Chalonnes (extrait). 1860, 177.

1580, 16 novembre. — Fac-simile d'une lettre du roi Henri III à Mellon, gouverneur de Monségur, *Nouvelles archéologiques*, 1er vol., n° 21.

1582. — Inscription dans l'église de Saint-Aubin-de-Luigné, 1860, 12.

1588, 25 octobre. — Procès-verbal de l'incendie des églises de Saint-Pierre et Saint-Jean de Thouarcé (*vidimus* de 1777), 1868, 354.

1588. — Inscription d'une cloche de Saint-Georges-Châtelaison, 1862, 313.

1589, 15 janvier, Blois. — Lettres de sauvegarde accordées par Henri III aux habitants de Mouliherne, *Nouvelles archéologiques*, 1er vol., n° 21.

1590. — Inscription en l'honneur du cardinal Cointerel, à à Saint-Louis-des-Français, 1861, 142.

1593, 23 juin. — Inscription sur bronze, concernant l'histoire de la Ligue en Bretagne, trouvée dans la chapelle de l'ancien cimetière de la Cornuaille, commune du Louroux-Béconnais, 1867, 349.

1597, 9 octobre. — Extrait des registres paroissiaux de la Chapelle-du-Genet, 1862, 116.

1598. — Épitaphe de Nicolas de Bouvery, abbé commendataire de Toussaint, 1860, 268.

1598. — Inscription provenant de l'église de Saint-Mathurin, 1862, 41.

XVIe siècle. — Légendes de huit morceaux de tapisserie provenant de l'abbaye du Ronceray, et figurant à l'exposition archéologique d'Angers de 1858, 1858-1859, pagin. spéciale, *in fine*, p. 23.

XVIe siècle. — Inscriptions du château de Saint-Georges-du-Bois, 1860, 216, 217.

XVIe siècle. — Légende d'un jeton de Clément Alexandre, garde de la Monnaie d'Angers, 1861, 19.

XVIe siècle. — Inscription du château de Villevêque, 1861, 20.

XVIe siècle. — Épitaphe des Gouffier, seigneurs de Maulévrier, à Oyron, 1861, 59.

XVIe siècle. — Inscriptions du vitrail de Saint-René à Puteaux, 1861, 253.

XVIe ou XVIIe siècle. — Inscription de la cheminée de l'hôtel Lanier, à Angers, 1860, 306.

XVIe à XVIIIe siècle. — Extraits de différents livres liturgiques concernant Robert d'Arbrissel, 1863, 350-354.

1602, 5 juillet. — Autorisation du prieur-curé de Trélazé à Nicolas de la Jomère et de la Guérinière, d'établir un banc dans l'église de Trélazé (analyse), 1861, 126.

1603, 1605, 1623, 1624, 1630. — Extraits d'inventaires des reliques et ornements de l'église Saint-Maurille de Chalonnes, 1860, 143.

1604, 5 mai. — Acte de validation, par Henri Arnauld, évêque d'Angers, du mariage de Mathurin Hamon et de Renée Besnier, 1861, 119.

1610. — Inscription du prieuré de Villemoisan, 1869, 233.

1615, 13 décembre. — Ordonnance du sieur de la Varanne, lieutenant général d'Anjou, qui oblige les ecclésiastiques d'Angers à partager la garde de cette ville avec les autres habitants, 1862, 113.

1617, 13 juin. — Procès-verbal des dégâts causés par la foudre à la cathédrale d'Angers (fragments), 1865, 122.

1617, 20 octobre. — Procès-verbal des dégâts causés par la foudre à la cathédrale d'Angers (fragments), 1865, 125.

1617, 13 décembre. — Acte par lequel les trésoriers de France, à Tours, renvoient le clergé d'Angers par devant le Conseil du Roi pour obtenir de quoi subvenir aux réparations de la cathédrale, 1865, 132.

1619, 7 juin. — Extrait des registres de baptême de Saint-Mathurin, concernant Marie de Médicis, 1862, 42.

1619, 15 juin. — Requête du clergé d'Angers aux prélats tenant à Blois l'assemblée générale du clergé de France, pour obtenir les subsides nécessaires aux réparations de la cathédrale, 1865, 136.

1619. — Requête adressée au Grand Conseil par le Chapitre d'Angers, pour obtenir les subsides nécessaires aux réparations de la cathédrale, 1865, 133.

1620. — Épitaphe de Jeanne de Maillé, femme d'Hercule de Charnacé, 1862, 12.

Vers 1621. — Vers prophétiques concernant François Lanier, maire d'Angers, 1860, 318.

1622. — Inscription de la châsse refaite de Robert d'Arbrissel, 1863, 327.

1622-1624. — Notes concernant le tombeau de Robert d'Arbrissel, 1863, 323, 331.

1623, 19 octobre. — Bref du pape Urbain VIII, concédant des indulgences à gagner dans l'église de Cléré (traduction), 1863, 485.

1624, 29 août. — Autorisation de l'évêque de Poitiers, de faire la translation des reliques de saint Francaire, 1863, 465.

1625. — Inscription en l'honneur du cardinal Cointerel, à l'hôpital de la Sainte-Trinité des pèlerins, à Rome, 1861, 143.

Vers 1625. — Épigramme sur M. Jouet, maire d'Angers, 1860, 358.

1627 et 1628. — Inscriptions de deux psautiers provenant de Fontevrault, 1861, 216.

1632. — Inscription d'une maison de Chalonnes, 1860, 181.

1632. — Inscription d'une cloche de Distré, près Saumur, 1862, 313.

1636. — Inscription de la croix Brouillet, commune de Chalonnes, 1860, 174.

1637. — Épitaphe d'Hercule de Charnacé, 1862, 12.

1637. — Note concernant François de Boylève, chanoine d'Angers, 1865, 206.

1638. — Épitaphe du Père Tranquille, capucin, 1860, 288.

1639. — Inscription concernant Hercule de Charnacé, dans l'oratoire du château du Bois-Montbourcher, 1862, 9.

1640. — Extrait d'une déclaration de Claude de Rueil, évêque d'Angers, concernant ses droits à Morannes, 1861, 130.

1641, 28 avril. — Procès-verbal de la translation des reliques de saint Francaire, 1863, 466.

1641, 14 mai. — Indulgences accordées à l'église de Cléré, par l'évêque de Poitiers, 1863, 489.

1642, 4 février. — Bref du pape Urbain VIII, concédant des indulgences à gagner dans l'église de Cléré (traduction), 1863, 487.

1645. — Épitaphe de Marguerite de Chambes, épouse de Louis de la Barre, à Mâchelles, 1860, 341.

1646. — Inscription du château de Boumois, 1858-1859, 90.

1646. — Inscription d'une cloche de Nantilly, à Saumur, 1862, 313.

1647, mai. — Éloge, en vers latins, de Jean-Michel, évêque d'Angers, 1860, 392.

1647-1648. — Fragments de lettres d'Henri Arnauld à Mazarin, à M. de Grémonville, à M. de Brienne, au cardinal d'Est, *Nouvelles archéologiques*, 2ᵉ vol., n° 1.

1648, 31 janvier. — Lettre de Louis XIV à Henri Arnauld, *Nouvelles archéologiques*, 2ᵉ vol., n° 1.

1654. — Inscription, au portail du cimetière de l'église Saint-Maurille des Ponts-de-Cé, 1862, 63.

1656. — Inscription de la cloche de Saint-Nicolas de Saumur, 1858-1859, 83.

1659, 31 mars. — Autorisation donnée par Henri Arnauld, évêque d'Angers, aux membres des Chapitres de Saint-Pierre, Saint-Jean-Baptiste, Saint-Maurille et Saint-Maimbeuf, de revêtir au chœur, pendant l'hiver, le costume porté par les chanoines de la cathédrale, 1861, 305.

1661. — Inscription commémorative de Gabriel Constantin, doyen de l'église d'Angers, 1866, 306.

1661. — Lettre mortuaire envoyée par l'abbaye de Marmoutiers à l'abbaye de Saint-Florent près Saumur, 1864, 185.

1662, 17 mars. — Extrait des conclusions capitulaires de Saint-Maurille d'Angers, 1862, 123.

1662, 7 décembre. — Note concernant la bénédiction de la chapelle des Carreaux, à Trélazé, 1861, 120.

1662. — Authentique des reliques de saint Florent, 1864, 175.

1665, 14 février. — Procès-verbal d'ouverture de la châsse de saint Florent, 1864, 168.

1666, 8 janvier. — Quittance de paiement pour la réparation du vase de Cana, à la cathédrale d'Angers, 1865, 147.

1666, 7 août. — Déclaration rendue par le curé de Gétigné et de Marson, au seigneur de Marson, pour divers biens sis en ladite seigneurie, 1866, 73.

1668, 28 juillet. — Acte de baptême de Claude-Maur d'Aubigné, archevêque de Rouen, 1864, 244.

1668. — Inscription commémorative du miracle des Ulmes, 1861, 69.

1668. — Extraits d'une supplique adressée au Pape par Jeanne de Bourbon, abbesse de Fontevrault, pour obtenir la canonisation de Robert d'Arbrissel, 1863, 367.

1675. — Inscription commémorative de la construction d'une décharge de sacristie dans l'église de la Trinité d'Angers, 1861, 70.

1676, 30 mai. — Arrêt du Conseil d'État cassant l'ordonnance de l'évêque Henri Arnauld, adressée le 4 mai à la Faculté de théologie d'Angers, pour défendre de prêter le serment contre la doctrine janséniste, 1862, 384.

1679. Épitaphe de Marie-Catherine de Villormois, femme de François de Saint-Offange, dans la chapelle de Saint-Maur, 1860, 166.

1681. — Inscription commémorative de la première pierre de la chapelle de Saint-Jacques-des-Renfermés à Angers, sur un coffret-reliquaire en plomb trouvé dans les démolitions de cette chapelle, 1865, 263.

1683, 12 juin. — Marché passé entre le Chapitre d'Angers et Louis Hardye, orfèvre, pour la façon de deux châsses, l'une de saint Victor, l'autre d'un compagnon de saint Maurice, 1866, 48.

1683. — Inscription d'une cloche de Bécon, 1869, 234.

1684, 20 et 21 septembre. — Fragments de lettres de Mme de Sévigné, concernant Henri Arnauld, *Nouvelles archéologiques*, 2e vol., n° 1.

1685, 27 janvier. — Extrait des registres de conclusions de la Ville et mairie d'Angers, concernant l'établissement des Filles de la Trinité à Angers, 1868, 422.

1685, 4 mai. — Procès-verbal d'ouverture de la châsse de saint Serené, 1865, 269.

1692, 1er décembre. — Procès-verbal d'ouverture de la châsse de saint Florent, 1864, 169.

1692. — Épitaphe d'Henri Arnauld, évêque d'Angers, 1860, 269.

1693, 16 mars. — Procès-verbal d'ouverture de la châsse de saint Florent, 1864, 170.

1693, 4 octobre. — Marché passé entre les habitants de Bauné et Nicolas Aubry, fondeur, pour la refonte d'une cloche (extraits), 1868, 409.

XVIIᵉ siècle. — Inscriptions à l'abbaye d'Asnières, 1858-1859, 203.

XVIIᵉ siècle. — Inscription de Fontevrault, concernant Mme de Montespan, 1858-1859, 78.

XVIIᵉ siècle. — Inscription d'une maison de Saint-Aubin-de-Luigné, 1860, 16.

XVIIᵉ siècle. — Épitaphes de dame Marthe Giroust et de Jacques Giroust, seigneur d'Avrillé, provenant de l'église de Beaufort, et transportées à Bois-Clair, commune de Saint-Georges-du-Bois, 1860, 218.

XVIIᵉ siècle. — Inscription du cénotaphe de Guillaume Lanier, dans la chapelle des Ursulines d'Angers, 1860, 313.

XVIIᵉ siècle. — Épitaphe de Guillaume Lanier et de sa femme, dans la chapelle des Ursulines d'Angers, 1860, 313.

XVIIᵉ siècle. — Extrait d'un inventaire concernant la chapelle de Saint-Vincent, à Chalonnes, 1860, 335.

XVIIᵉ siècle. — Inscription dans l'église de Luigné, 1861, 294.

XVIIᵉ siècle. — Extraits d'un manuscrit registre des fondations de la chapelle royale de Notre-Dame-des-Ardilliers, à Saumur, 1861, 338.

XVIIᵉ siècle, — Extrait d'un livre concernant « le debvoir du garde reliques » de l'église d'Angers, 1865, 271.

XVIIᵉ siècle — Inscription conservée au Musée Saint-Jean, à Angers, concernant le don fait par M. Daburon, prieur de Montjean, d'un coffre précieux destiné à devenir un tabernacle, 1867, 87.

XVIIᵉ siècle. — Inscriptions à Bécon, 1869, 235.

XVIIᵉ siècle. — Inscriptions de cloches à Écuillé, 1869, 254.

XVIIᵉ siècle. — Inscription de la salle capitulaire de Fontevrault, *Nouvelles archéologiques*, 1ᵉʳ vol., n° 41.

XVIIᵉ siècle. — Inscription commémorative d'Ogeron de la Bouère, dans l'église Saint-Séverin de Paris, 1865, 253.

1701-1714. — Fragments de lettres de Fénelon à sa nièce, Mme de Chevry et à M. Robert, chanoine de Leuze à Mons, *Nouvelles archéologiques*, 1ᵉʳ vol., n° 16.

1704, 3 juillet. — Fondation par Mme de Montespan d'un hôpital a Oyron (fragment), *Nouvelles archéologiques*, 1ᵉʳ vol., n° 39.

1705. — Inscription de la pierre du grand autel de l'église de Villemoisan, 1869, 233.

1710-1745. — Inscriptions du prieuré de Villemoisan, 1869, 233.

1711, 21 janvier. — Reçu relatif au vase de Cana de la cathédrale d'Angers, 1865, 147.

1715. — Extraits d'un manuscrit de Grandet, concernant Notre-Dame de Chalonnes, 1860, 181, 182.

1717, 28 janvier. — Lettre du P. Boutin, curé de Cunault, au sujet de la bulle *Unigenitus*, 1862, 387.

1717, 8 mai. — Extrait du manuscrit de Grandet, relatant l'accueil fait par l'évêque d'Angers aux Oratoriens, après leur rejet de la bulle *Unigenitus*, 1862, 385.

1720, 17 avril. — Contrat d'acquisition de la *maison du Roi*, à Saumur, par Jacques Rousseau, de Charles-Joseph Bourreau, sieur de Chavigny et de Vaux, 1865, 106.

1720. — Acte de sépulture du cœur de Claude-Maur d'Aubigné, archevêque de Rouen, 1863, 148.

1720. — Inscription tumulaire du cœur de Claude-Maur d'Aubigné, archevêque de Rouen, dans l'église de Tigné, 1863, 148.

1722. — Inscription de la cure de Chaudefonds, 1860, 54.

1724. — Inscription d'une cloche de Durtal, 1860, 342.

1725. — Inscription d'une cloche de Cheffes, 1860, 341.

1727, 11 août. — Donation faite au principal du collège de Beaufort par le roi Louis XV des ruines du château de Beaufort pour les démolir et en employer les matériaux aux bâtiments du collège, *Nouvelles archéologiques*, 1er vol., n° 21.

1728. — Inscription d'une cloche de Candes, 1858-1859, 81.

1731. — Inscription du château de Boumois, 1858-1859, 87.

1732. — Inscription commémorative d'un carrelage posé dans l'église Toussaint par le prieur François Patot, 1860, 267.

1737. — Inscription de la première pierre de l'autel de Saint-Maurice d'Angers, 1862, 256.

1738. — Épitaphe de Bernardin Belliard, curé de Saint-Maur, 1860, 166.

1741. — Inscription d'un des autels de Notre-Dame de Chalonnes, 1860, 183.

1743, 11 mai. — Ordonnance de Jean de Vaugiraud, évêque d'Angers, ordonnant aux fabriciens de l'église du Pin-en-Mauges de rendre leurs comptes, 1862, 61.

1744. — Inscription du presbytère de Saint-Maurille de Chalonnes, 1860, 125.

1747, 26 novembre. — Lettre de Voltaire au sujet de sa réception à l'Académie d'Angers, *Nouvelles archéologiques*, 1er vol., n° 30.

1748. — Inscription d'une cloche de Fontevrault, 1860, 342.

1754, 3 novembre. — Rescrit de la Cour de Rome autorisant les religieux et religieuses de Fontevrault à faire divers offices votifs, 1865, 334.

1757, 17 août. — Extrait du jugement de condamnation de Baptiste-Guillaume Passé, coupable d'avoir volé avec effraction les troncs de l'église Saint-Maurille de Chalonnes, 1860, 338.

1758, 7 avril. — Inventaire du mobilier du château du Verger (extraits), 1869, 149.

1760, 20 mars. — Authentique des reliques de saint Méen et de saint Judicaël, 1864, 188.

1760, 20 mars. — Authentique des reliques de saint Florent, 1864, 154.

1760 ou 1762. — Inscription de la crypte des évêques à la cathédrale d'Angers, 1860, 400.

1762, 12 février. — Lettre de Parmentier au docteur Renou, 1862, 407.

1762, 30 juillet. — Nomination de Daniel Peschard, sacristain de Brion, 1868, 414.

1763. — Inscription du grand autel de l'église du Louroux-Béconnais, 1869, 232.

1763. — Inscription dans le caveau de la cathédrale d'Angers, 1869, 246.

1765, 6 octobre. — Formule des vœux prononcés par une religieuse du Ronceray, 1861, 184.

1767. — Épitaphe de Renée-Barbe Dupont, première supérieure de l'Hôtel-Dieu de Morannes, dans la chapelle dudit Hôtel-Dieu, 1861, 145.

1767 et XVIIIe siècle. — Diplômes et discours maçonniques de la Loge de Beaufort-en-Vallée, 1860, 222.

1773. — Inscription d'une cloche de l'église de Marson, 1866, 77.

1775. — Épitaphe de Jean de Hillerin, dans l'église de Rablay, 1861, 186.

1775. — Extrait d'un coutumier de Fontevrault, réglant le cérémonial de la fête de Robert d'Arbrissel, 1863, 342.

1779. — Épitaphe de dame Louise-Marguerite-Charlotte Giroust, veuve de François-Charles Dupont-d'Aubevoye, dans le cimetière de La Flèche, 1860, 219.

1783, 11 novembre. — Certificat délivré par l'abbé de l'Epée à Mlle Charlotte Blouin, institutrice des sourds-muets à Angers, *Nouvelles archéologiques*, 2e vol., n° 3.

1784. — Épitaphe d'Urbain-Élie Cassin, chanoine d'Angers, dans l'église des Carmélites d'Angers, 1860, 368.

1785, 12 février. — Arrêt du Conseil d'État, relatif à l'établissement de reverbères à Angers, 1862, 314.

1785, 20 juillet. — Procès-verbal de prise de possession de la cure de Saint-Rémy-la-Varenne, par messire Charles Hardy, curé de Saint-Maur (extrait), 1860, 277.

1785. — Inscription du château de Boumois, 1858-1859, 87.

1787, 2 décembre. — Certificat de transport de provisions pour les besoins de l'abbaye de Fontevrault, 1858-1859, 68.

1787, 20 décembre. — Procès-verbal de la bénédiction des cloches de Bauné, 1868, 411.

1788. — Inscriptions de deux cloches du Ronceray, 1867, 130.

1795, 22 janvier. — Lettre du docteur Renou à son neveu Trouvé, 1862, 412.

1798, juillet. — Extrait d'un procès-verbal d'état de lieux du domaine de Marson, 1866, 78.

XVIIIe siècle. — Extrait du jugement de condamnation d'un nommé Lisée, de Chalonnes, comme blasphémateur, 1860, 337.

XVIIIe siècle. — Épitaphes relevées dans l'église de Soulaire, 1860, 367.

XVIIIe siècle. — Inscription d'une cloche de Morannes, 1861, 133 (en note).

XVIIIe siècle. — Extraits des comptes de la fabrique du Pin-en-Mauges, 1862, 184.

XVIIIe siècle. — Extrait du manuscrit de Lehoreau, concernant le vase de Cana de la cathédrale d'Angers, 1865, 142.

Vers 1802. — Lettre de Parmentier au docteur Renou, 1862, 416.

1815, 8 mai. — Lettre de l'abbé Janin, curé de Saint-Jean-Baptiste, 1862, 49.

1820, 23 août. — Certificat délivré par l'abbé Sicard à Mlle Victoire Blouin, institutrice des sourds-muets à Angers, *Nouvelles archéologiques*, 2e vol., n° 3.

1821. — Inscription du tombeau de la reine Bérengère, dans la cathédrale du Mans, *Nouvelles archéologiques*, 1er vol., n° 17.

1828. — Procès-verbal de recognition des reliques de saint Florent, 1864, 176.

1833, 14 juillet. — Lettre de l'abbé Gruget à l'évêque d'Angers au sujet de la Vraie-Croix de la Trinité, *Nouvelles archéologiques*, 1er vol , n° 45.

1848. — Épitaphe placée sur la tombe de Cathelineau, *Nouvelles archéologiques*, 1er vol., n° 26.

1849, 5 janvier. — Lettre de M. de Falloux au sujet de la restitution des statues de Fontevrault, *Nouvelles archéologiques*, 1er vol., n° 14.

1858. — Règlement et catalogue de l'Exposition archéologique d'Angers, 1858-1859 *in fine*.

1859, 26 février. — Lettre du cardinal Dupont, archevêque de Bourges, à Mgr Angebault, évêque d'Angers, au sujet du cœur de Robert d'Arbrissel, 1863, 336.

1859, 1er septembre. — Décret de la Sacrée Congrégation des Rites, relatif au culte de saint Avertin, à Luigné, 1860, 204.

1859. — Inscription commémorative de la construction de l'église de Mâchelles, 1860, 32.

1860, 12 avril. — Procès-verbal d'ouverture de la capse de plomb renfermant les ossements de saint Pierre II, évêque de Poitiers, et du bienheureux Robert d'Arbrissel, 1860, 207.

1860, 25 avril. — Ordonnance de Guillaume Angebault, évêque d'Angers, portant rétablissement du pèlerinage de Notre-Dame-de-Guérison, à Russé, 1860, 247.

1860, 14 mai. — Procès-verbal de la bénédiction de la première pierre de l'église de Tigné, 1860, 226.

1860, 23 juillet. — Inscription commémorative de la première pierre de la chapelle des Sœurs de la Providence, à la Pommeraye, 1861, 64.

1860, 7 novembre. — Lettre du Ministre d'État à M. Godard-Faultrier, au sujet de la conservation de la crypte du Ronceray, 1861, 24.

1860, 16 décembre. — Circulaire de Mgr Angebault, évêque d'Angers, au clergé de son diocèse, au sujet du musée diocésain, 1861, 36.

1861, 18 juillet. — Lettre de M. Godard-Faultrier au Ministre d'État et au ministre de l'Instruction publique et des Cultes, 1861, 275.

1861, 25 juillet. — Lettre adressée au Ministre de l'Instruction publique et des Cultes par l'abbé Barbier de Montault, 1861, 284.

1861, 6 octobre. — Lettre de M. Constant Dufeux à M. F. Lachèse au sujet du grand autel de la cathédrale d'Angers, 1861, 374.

Vers 1861. — Ordonnance de Mgr Angebault, évêque d'Angers, au sujet de la relique de Saint Méen, conservée dans l'église de Lasse, 1861, 313.

1862, 24 novembre. — Lettre de M. de Rouvre, préfet de Maine-et-Loire, à M. Godard-Faultrier, au sujet des cercueils découverts à Saint-Jean-des-Mauvrets, 1864, 295.

1864, 2 mars et 13 septembre. — Lettres du Ministre des Beaux-Arts, concernant la préservation de la Tour des Druides, à Angers, 1864, 309, 313.

1866, 8 mai. — Lettre de M. de Caumont à M. Godard-Faultrier, au sujet de l'église Saint-Serge, 1866, 109.

1866, 31 octobre. — Lettre de M. Godard-Faultrier au Ministre de l'Instruction publique, au sujet des statues de Fontevrault, 1866, 360.

1866. — Lettre de M. de Caumont à M. Millet de la Turtaudière, au sujet de la médaille décernée à celui-ci par l'Institut des provinces de France, 1866, 130.

(S. d.) 1866. — Lettre de M. Godard-Faultrier au Ministre des Cultes, demandant l'autorisation d'effectuer des fouilles à la cathédrale d'Angers, dans le tombeau du Roi René, 1866, 367.

1867, 13 février. — Protestation de la Société d'Agriculture, Sciences et Arts d'Angers, contre l'enlèvement des statues de Fontevrault, 1867, 31.

1867, 20 février. — Lettre de Mgr Angebault, évêque d'Angers, au Ministre des Cultes, au sujet des statues de Fontevrault, 1867, 60.

1867, 9 mars. — Consultation des avocats d'Angers contre l'enlèvement des statues de Fontevrault, 1867, 36.

1867, 11 mars. — Adhésion de MM. Allou, Berryer, Dufaure, Gigot et Salvetat à la consultation des avocats d'Angers, contre l'enlèvement des statues de Fontevrault, 1867, 49, 51, 52, 53.

1867, 23 novembre. — Lettre-circulaire de Mgr Angebault, évêque d'Angers, aux curés du diocèse, au sujet d'une plaque commémorative à ériger dans les églises nouvellement reconstruites ou restaurées, 1867, 368.

1867, 23 décembre. — Lettre de M. Godard-Faultrier au Ministre de l'Instruction publique, au sujet des greniers et caves de l'ancien hôpital Saint-Jean d'Angers, 1867, 366.

(S. d.) 1867. — Lettres de M. Beulé au Directeur du *Journal des Débats*, au sujet de l'enlèvement des statues de Fontevrault, 1867, 63, 65.

1869, 24 février. — Rapport présenté au Conseil municipal d'Angers par le Maire, sur les nouveaux noms à donner à diverses rues, 1869, 181.

1869, 5 novembre. — Lettre de démission de Président de la Commission archéologique, adressée par M. Godard-Faultrier au Président de la Société d'Agriculture, Sciences et Arts, 1869, 293.

1869, 11 novembre. — Lettre de M. Adolphe Lachèse, président de la Société d'Agriculture, Sciences et Arts, à M. Godard-Faultrier, en réponse à la lettre du 5 novembre, 1869, 293.

XIXe siècle. — Épitaphes des évêques Montault des Isles, Paysant et d'Andigné, à la cathédrale d'Angers, 1860, 401.

Dates diverses. — Inscriptions conservées au musée Saint-Jean, a Angers (comprises dans l'inventaire raisonné), 1867, 94, 137, 201, 261, se référant aux matières suivantes : Astrolabe (xve siècle), 203 ; — autel romain, 94, — autel de Saint-Mathurin (1548-1598), 107, — id. de Saint-Jacques d'Angers (xviiie siècle), 114, — id. de Saint-Maurice, à la cathédrale d'Angers (1737), 147, — id. de Saint-Jacques-le-Majeur (ancien hospice général d'Angers (s. d.), 320 ; — boisseau étalon d'Anjou (xvie siècle), 166 ; — boisseau étalon de Chemillé (xviie siècle), 167 ; — châsse provenant de Poitiers (xiie siècle), 143 ; — châsse provenant de Thouars (xiie siècle), 143 ; — coffre (xvie siècle), 215 ; — coffret-reliquaire, au nom d'Henri Arnauld (xviie siècle), 295 ; — église des Minimes (1617), 117 ; — église Saint-Jacques d'Angers (xviie et xviiie siècles), 114. 115, 138 ; — église Toussaint (xviiie sièle), 114 ; — épitaphes de Henri Arnauld (xviie siècle), 113, — d'Anne d'Aussigné (1484), 104, — de Nicolas Bouvery (1598), 107, — de Joseph Briand (1753), 118, — de Julien Dubuquet (xve siècle), 147, — de Gilles-Laurent de Jorreau et de Denis de Rohan de Pouleduc (1507), 206, — de Guillaume Lesrat (1563), 105, — de Renée Sarrazin, abbesse du Ronceray (1499), 145, — de Ulger (xiie siècle), 301 ; — épitaphe romaine, 95 ; — épitaphe provenant des cloîtres Saint-Martin (s. d.), 102 ; — Grohan,

217, — hospice général (xviiie siècle), 137, 138, 140 ; — inscriptions portant les noms de Cupif de Teildras, 139, — de Bonaparte, 1er consul, 140, — de Marie Constantin, 116, — de Pierre Roger. 119, — d'Henriette de Briquemault, épouse de Joachim Descaseaux, 120, — de Catherine Tronchay. 103 ; maison de la Grande-Lande, commune de Trélazé, 105, — place Cupif, 111 ; — médailles portatives de saint Benoît, 244 ; — ostensoir de Nyoiseau, 203 ; — ostensoir, 205 ; — pilastres, (xvie siècle), 109, 110 ; — portrait de Jean de la Barre, abbé des Vaux, 219 ; — poteau de la justice de Clefs, 213 ; — urne antique, 142.

Dates diverses. — Épigraphie du département de Maine-et-Loire, par BARBIER DE MONTAULT (969 inscriptions), avec tables spéciales, 1868, 105 ; — époque romaine, 117 ; — xie siècle, 121 ; — xiie siècle, 122 ; — xiiie siècle, 130 ; — xive siècle, 136, 138. — xve siècle, 140, 151, 161 ; — xvie siècle, 193, 237 ; — xviie siècle, 261, 347, 433 ; — xviiie siècle, 467 ; — 1869, 1, 69 ; — tables, 89 ; — appendice, 121.

Sans date :

Office de saint Florent, 1861, 159.

Extraits de l'office monastique de saint Florent, 1864, 223.

Prose de saint Florent, concernant le vase de la dernière Cène, 1864, 148.

Office de saint Méen, 1861, 156.

Hymne de Robert d'Arbrissel, 1863, 345.

Extraits du cartulaire de Fontevrault, concernant la sépulture et les œuvres de Robert d'Arbrissel, 1863, 320, 321.

Inscriptions à Saint-Macé de Trèves, 1862, 222, 223.

Inscriptions dans la commune de Savennières, 1862, 397, 398.

Épitaphe de François d'Orignai, abbé de Saint-Serge, d'après Bruneau de Tartifume, 1867, 129.

Inscription lapidaire, provenant du cloître Saint-Martin d'Angers, 1860, 265.

Extraits des statuts synodaux concernant la sépulture de Guillaume Le Maire, évêque d'Angers, à Morannes, 1861, 145.

Inscription en vers, sur la pierre recouvrant le cœur de Jean du Mas, dans l'église de Durtal, 1861, 249.

Inscription d'un caillou gravé, provenant de Mézéray (Sarthe), 1867, 372.

Fragments de vers latins, extraits d'un poëme anglais, sur la bienheureuse Eve, recluse de Chalonnes, et cités par l'historien Grandet, 1860, 294.

Documents concernant le cardinal d'Estouteville (xve siècle), 1858-1859, 254 et suiv.

Dédicace d'un recueil de pièces de serrurerie, par Mic. Hasté, serrurier à Paris, à l'architecte Jean de l'Espine, 1865, 112.

Extrait du *Cérémonial de l'Église d'Angers*, manuscrit de Lehoreau, concernant la mort d'Henri Arnauld, 1863, 116.

Extraits de Grandet et de Pavillon, relatifs à la vie de saint Hervé, à Chalonnes, 1860, 239.

Extraits de dom Huynes, concernant les reliques de saint Martin de Vertou, saint Eutrope, saint Euvert, saint Méen et saint Judicaël, 1861, 148, 149, 150, 151, 156.

Extraits de dom Huynes, concernant l'enlèvement du corps de saint Florent par les huguenots, 1864, 158.

Extraits de dom Huynes, contenant la description des diverses châsses de saint Florent, 1864, 196, 197, 199.

Extraits de dom Huynes, concernant les tapisseries de Saint-Florent, 1864, 226.

Liste des échevins de Saumur, 1862, 82.

Devise des armes de Saumur, 1867, 20.

Liste des planches de cuivre des portraits relatifs à l'Anjou, faits par les soins de Ménard et de Pétrineau des Noulis, 1861, 181.

IV

GRAVURES, CARTES ET PLANS

Angers. — Voy. Carmes, Cathédrale, Musée, Notre-Dame-des-Champs, Numismatique, Saint-Jean, Saint-Laurent, Saint-Martin, Sceau, Signes lapidaires, Tour des Druides, Tour Saint-Aubin, Toussaint.

Arbrissel (Robert d'). — Reliques du B. Robert d'Arbrissel, et de saint Pierre II, évêque de Poitiers, 1860, 207. — Statue tombale de Robert d'Arbrissel, 1861, 193.

Ayrault (Pierre). — Portrait, 1865, 325.

Baudouin (François), professeur de droit à Angers (XVIe siècle), 1862, 33.

Beaupréau. — Sceau de l'ancien collège de Beaupréau, 1861, 319.

Béhuard (Eglise de), 1862, 65.

Bourbon (Jeanne-Baptiste de), abbesse de Fontevrault, 1861, 161.

Bourgonnière. Voy. Enceintes circulaires.

Boylesve (Gabriel de), évêque d'Avranches, 1869, 189.

Breille (La). — Plan du retranchement de la Breille, 1867, 252. — Carte d'une partie de la commune de la Breille, indiquant la position approximative d'anciens retranchements, 1868, 9.

Breslay (René), évêque de Troyes, 1861, 257.

Breslay (Pierre), chantre de l'église cathédrale d'Angers, 1861, 353.

Carmes. — Les couvent des Carmes à Angers, 1867, 340.

Cartes. — Cartes celtiques de l'arrondissement d'Angers, 1860, 340, — de Baugé, 376, — de Cholet, 1861, 64, — de Saumur, 160, — de Segré, 224. — Carte du département de Maine-et-Loire indiquant les traces gallo-romaines constatées dans ce département, par M. GODARD-FAULTRIER, en 1858, 1866, 370.

Carthage. Voy. Vase en plomb.

Cathédrale d'Angers. — Plan et coupes de la crypte des évêques, 1860, 398. — Plan du transept sud, 1863, 312. — Coupe du transept sud, 1864, 92. — Plan de l'église Saint-Maurice d'Angers avant 1699, 1866, 274. — Cathédrale d'Angers (gravure sur bois), 1865, 163. — Vue du grand portail de la cathédrale (extrait de Gaignières, 1699), 1866, 280. — Dessin d'une des tapisseries de l'Apocalypse à la cathédrale, 1862, 161. — Voy. Signes lapidaires, Thiéphaine.

Chalonnes. Voy. Signes lapidaires.

Champteussé. — Peinture murale de l'église, 1866, 81.

Chinon. — Dessin de la chape de Saint-Mesme, 1862, 225.

Cinais. — Plan du *murus* gaulois de CINAIS (Indre-et-Loire), 1866, 317.

Cointerel ou **Contarel** (Portrait du cardinal Mathieu), 1861, 129.

Comtes d'Anjou. — Gravures extraites du *Peplus* de Ménard, 1869, 257, 258, 260.

Crosses. Voy. Toussaint.

Davière (Rouler de la), commune de Saint-Germain, près Montfaucon, 1862, 193.

Enceintes circulaires situées dans le bois des Rouvrais dépendant du château de la Bourgonnière, commune de Montguillon, 1860, 110.

Faculté de médecine d'Angers. Voy. Sceau.

Fontevrault. — Coupe du transept, 1862, 289. — Coupe et plan d'une coupole, 1862, 321. — Voy. Bourbon.

Garde (La). — Peulvan dit *Pierre de la Garde*, 1861, 321.

Hôpital. Voy. Saint-Jean.

Jeanne de Laval. — Tombeau, 1866, 268.

Lanier. — Portrait d'un membre de la famille Lanier, 1860, 304.

Louis XI. — Portrait, 1862, 97.

Maillé-Brezé. — Armand-Jean de Maillé-Brézé, duc de Fronsac, amiral de France, 1861, 1.

Maine-et-Loire. Voy. Cartes, Signes lapidaires.

Michel (Jean), évêque d'Angers, 1860, 376.

Monnaies angevines. Voy. Numismatique.

Montguillon. Voy. Enceintes circulaires.

Murus. Voy. Cinais.

Musée d'Angers. — Oliphant, 1858-1859, 5.

Notre-Dame-de-Guérison à Russé, 1860, 248.

Notre-Dame-des-Champs, 1861, 33.

Numismatique. — Monnaies angevines, 1861, 226, 228, 237. — Triens de l'empereur Anastase au monogramme d'Angers, 1863, 21. — Numismatique angevine : Mérovingiens, 1863, 23, 29. — Carolingiens, 1863, 385.

Peulvan. Voy. Garde (La), Pierre-Frite, Villedieu.

Pierre-Frite (La), peulvan, commune d'Armaillé, 1862, frontispice.

Plaque-agrafe de baudrier, 1865, 116.

Plat curieux. — Portrait de Claude Robin, 1865, 206.

Poyet (Guillaume), chancelier de France, 1860, 272.

Rabelais. — Portrait, 1862, 129.

Rély ou **Resly** (Jean de), évêque d'Angers, 1861, 97.

René d'Anjou. — Dessins et inscriptions du tombeau du roi René, 1866, 262, 263, 267. — Voy. Jeanne de Laval, Thiéphaine.

Robin. Voy. Plat.

Ronsard (Pierre), 1869, 177.

Rouler. Voy. Davière.

Rouvrais. Voy. Enceintes circulaires.

Russé. Voy. Notre-Dame-de-Guérison.

Saint-Aubin. Voy. Tour Saint-Aubin.

Saint-Georges-sur-Loire. — Plan de l'église de l'abbaye, 1858-1859, 19.

Saint-Germain-près-Montfaucon. — Voy. Davière.

Saint-Jean (Hôpital). — Plan et coupe d'une travée, 1864, 52.

Saint-Jean-des-Mauvrets. — Plan du chœur de l'église, 1864, 293.

Saint-Laurent (Église), à Angers. — Coupe et plan de l'abside, 1862, 257.

Saint-Martin (Église), à Angers. — Coupe longitudinale, 1862, 389.

Saint-Maurice. Voy. Cathédrale d'Angers.

Saint-Mesme. Voy. Chinon.

Sceau de la Faculté de Médecine d'Angers, 1861, 178.

Signes lapidaires. — Signes lapidaires de l'église Saint-Maurille, à Chalonnes (chapelle de la Vierge, xiie siècle), 1860, 118. — Signes lapidaires à la cathédrale d'Angers, et en divers lieux d'Angers et du département de Maine-et-Loire, 1868, 127, 128, 137. — Signes lapidaires et monogrammes d'ouvriers, 1869, 88.

Tapisseries. Voy. Cathédrale d'Angers.

Thiéphaine. — Tombeau de Thiéphaine, nourrice du roi René, 1866, 272.

Tour des Druides. — Cheminée de l'Hôtellerie dite improprement *Tour des Druides*, 1865, 103.

Tour Saint-Aubin. — Coupe et plan de la Tour Saint-Aubin, 1863, 48.

Toussaint. — Crosses des abbés de Toussaint, Robert Ier et Robert II, trouvées dans l'église, 1860, 250.

Triens. Voy. Numismatique.

Ulmes (Les). — Gravure représentant le miracle des Ulmes, en 1668, 1861, 65.

Urbain II. — Portrait (extrait du *Peplus* de Ménard), 1869, 260.

Vase en plomb trouvé dans les ruines de Carthage, 1867, 168.

Villedieu (Peulvan de), 1861, 289.

FIN

Les séances ordinaires ont lieu un *lundi*, en Janvier, Février, Mars, Avril, Mai, Juin, Juillet, Novembre et Décembre, à huit heures du soir, salle du Jardin fruitier, boulevard du Roi-René, sur lettres de convocation adressées à tous les membres.

Toutes les communications relatives à l'ordre du jour des séances et les changements de résidence doivent être adressés au Secrétaire général, 5, rue Volney, à Angers.

« *Il est accordé gratuitement à chaque auteur un tirage à part* « *des articles publiés par lui dans le volume des* MÉMOIRES *jusqu'à* « *concurrence de deux feuilles* (32 pages), *par Mémoire distinct ;* « *ce tirage sera fait à cinquante exemplaires.* » (Délibérations des 5 et 15 janvier 1889.)

TARIF DES TIRAGES A PART

Au-dessus de cinquante exemplaires et pour ce qui dépassera deux feuilles d'impression, le tarif des tirages à part a été ainsi fixé pour les sociétaires :

Demi-feuille (8 pages)

50 exemplaires	2 f. »
100 —	3 »
150 —	4 »

Feuille (16 pages)

50 exemplaires	3 f. »
100 —	4 50
150 —	6 »

Trois-quarts de feuille (12 pages) comptent comme une feuille entière.

Piqûre comprise, avec couverture de couleur non imprimée.

En plus, couverture imprimée : 2 fr. pour 50 exemplaires ; 3 fr. pour 100 exemplaires.

www.ingramcontent.com/pod-product-compliance
Lightning Source LLC
LaVergne TN
LVHW020953090426
835512LV00009B/1877